ଶ୍ରୀରାଧାଙ୍କ ଶ୍ରୀ

ଶ୍ରୀରାଧାଙ୍କ ଶ୍ରୀ

ଚନ୍ଦନ କୁମାର ଦାସ

ବ୍ଲାକ୍ ଈଗଲ୍ ବୁକ୍ସ
ଭୁବନେଶ୍ୱର, ଓଡ଼ିଶା

BLACK EAGLE BOOKS
Dublin, USA

ଶ୍ରୀରାଧାଙ୍କ ଶ୍ରୀ / ଚନ୍ଦନ କୁମାର ଦାସ

ବ୍ଲାକ୍ ଈଗଲ୍ ବୁକ୍ସ : ଭୁବନେଶ୍ୱର, ଓଡ଼ିଶା ● ଡବ୍‌ଲିନ୍, ଯୁକ୍ତରାଷ୍ଟ୍ର ଆମେରିକା

BLACK EAGLE BOOKS

USA address:
7464 Wisdom Lane
Dublin, OH 43016

India address:
E/312, Trident Galaxy, Kalinga Nagar,
Bhubaneswar-751003, Odisha, India

E-mail: info@blackeaglebooks.org
Website: www.blackeaglebooks.org

First International Edition Published by
BLACK EAGLE BOOKS, 2024

SRIRADHANKA SHREE
by **Chandan Kumar Das**

Copyright © **Chandan Kumar Das**

All rights reserved. No part of this publication may be reproduced, stored in a retrieval system, or transmitted, in any form or by any means, electronic, mechanical, photocopying, recording or otherwise without the prior permission of the publisher.

Cover & Interior Design: Ezy's Publication

ISBN- 978-1-64560-583-6 (Paperback)

Printed in the United States of America

ଉତ୍ସର୍ଗ

ଶ୍ରୀରାଧାଙ୍କୁ

*'Tis better to have loved and lost
Than never to have loved at all.*

- Alfred, Lord Tennyson

କୃତଜ୍ଞତା.....

ପିତାମାତାଙ୍କୁ, ଯାହାଙ୍କ ଅକ୍ଲାନ୍ତ ପରିଶ୍ରମ ଓ ଆଶୀର୍ବାଦ ବଳରେ ଜୀବନରେ ବହୁତ କିଛି ସମ୍ଭବ ହୋଇପାରିଛି।

ଦେବାଶିଷ, କ୍ରିଷ୍ଣାରାଣୀ, ଦୀପ୍ତିରାଣୀ, ଲୋପାମୁଦ୍ରା ଏବଂ ସମୀରଙ୍କୁ, ସେମାନଙ୍କର ବିଶ୍ୱାସ ଓ ଭଲପାଇବା ପାଇଁ।

ଶ୍ୱଶୁର ଶ୍ରୀ ରାଜକିଶୋର ଦାସ ଏବଂ ଶ୍ୱଶୁରଙ୍କ ଘର ସମସ୍ତ ସଦସ୍ୟଙ୍କୁ, ସେମାନଙ୍କର ସଦିଚ୍ଛା ଓ ଶୁଭକାମନା ପାଇଁ।

ବାନ୍ଧବୀ ପ୍ରଭାତୀ ଏବଂ ବନ୍ଧୁ ମନୋଜଙ୍କୁ, ମୋତେ ଉତ୍ସାହିତ କରିଥିବାରୁ।

ମୋର ପ୍ରିୟ ଓ ପୂଜ୍ୟ ଗୁରୁ ପ୍ରଫେସର ସୁବାସ ଚନ୍ଦ୍ର ପାତ୍ର ଏବଂ ପ୍ରଫେସର ରବିନାରାୟଣ ଦାଶଙ୍କୁ, ସେମାନଙ୍କ ଉପଦେଶ ଓ ଆଶୀର୍ବାଦ ପାଇଁ।

ବିଶିଷ୍ଟ କବି ଡ. ବଂଶୀଧର ଚୌଧୁରୀଙ୍କୁ, ତାଙ୍କର ମୂଲ୍ୟବାନ ପରାମର୍ଶ ପ୍ରଦାନ କରିଥିବାରୁ।

ପ୍ରାଧ୍ୟାପିକା ଶ୍ରୀମତୀ ରେଣୁବାଳା ଦାସ ମହୋଦୟା ଏବଂ ପ୍ରାଧ୍ୟାପକ ଶ୍ରୀଯୁକ୍ତ ଶଚୀନ୍ଦ୍ର କୁମାର କର ମହୋଦୟଙ୍କୁ, ପାଠକୀୟ ମତାମତ ପାଇଁ।

ସହକର୍ମୀ ବନ୍ଧୁ ଶ୍ରଦ୍ଧେୟ ହରେନ୍ଦ୍ର ଗାଁଣ ଏବଂ ଶ୍ରଦ୍ଧେୟା ରଶ୍ମିତା ମହାପାତ୍ରଙ୍କୁ, ମୋତେ ସହଯୋଗ କରିଥିବାରୁ।

ଛାତ୍ରଛାତ୍ରୀ, ପାଠକପାଠିକା ତଥା ମୋର ସମସ୍ତ ହିତାକାଂକ୍ଷିମାନଙ୍କୁ, ଯାହାଙ୍କ ପ୍ରଶଂସା ମୋତେ ଅନୁପ୍ରାଣିତ କରିଛି।

ପରିଶେଷରେ କୃତଜ୍ଞତା ଜ୍ଞାପନ କରିବି ଏ ପୁସ୍ତକର ପ୍ରକାଶକ ବ୍ଲାକ୍ ଈଗଲ ବୁକ୍ସର ପ୍ରତିଷ୍ଠାତା ଶ୍ରୀଯୁକ୍ତ ସତ୍ୟ ପଟ୍ଟନାୟକ ମହୋଦୟଙ୍କୁ, ମୋତେ ସୁଯୋଗ ଦେଇଥିବାରୁ।

■

ମୁଖବନ୍ଧ

ବିଶ୍ୱ କଳା ଓ ସାହିତ୍ୟ ଇତିହାସରେ ଅସରନ୍ତି ଅମର କୃତିର ଦୃଷ୍ଟାନ୍ତ ରହିଛି ଯାହାର ମୂଖ୍ୟ ବିଷୟବସ୍ତୁ ପ୍ରେମ। ପ୍ରେମ ଯେ ସଂସାରର ସର୍ବଶ୍ରେଷ୍ଠ ଭାବବସ୍ତୁ ଏଥିରେ ଦ୍ୱିମତ ହେବାର ତିଳେମାତ୍ର ଅବକାଶ ନାହିଁ। ଯୁଗ ପରେ ଯୁଗ ପିଢ଼ି ପରେ ପିଢ଼ି କେତେକେତେ ସୃଜନଶୀଳ ସାଧକ ଆସିଛନ୍ତି ଯାଇଛନ୍ତି, ପ୍ରେମର ସ୍ୱରୂପ ଓ ସଂଜ୍ଞା ନିରୂପଣ କରିବାର ପ୍ରୟାସ କରିଛନ୍ତି, ହେଲେ ଆଜିବି ମନେହୁଏ ଯେମିତି ଏ ଚର୍ଚ୍ଚାର ଶେଷୋକ୍ତି ନାହିଁ। ଲାଗେ ଯେମିତି ଯେତେ କୁହାଯାଇଛି ସେତେ କହିବାକୁ ବାକି ଅଛି। ନା କହିବା ଲୋକ ଥକିଛି ନା ଶୁଣିବା ଲୋକ ମୁହଁ ଫେରାଇଛି।

ଜୀବନରେ ପ୍ରେମର ଅନୁଭୂତି ରହିବା ନିତ୍ୟାନ୍ତ ଆବଶ୍ୟକ। ସେ ପ୍ରେମ ହୋଇପାରେ କେଉଁ ସାଥୀର ଅବା ଜୀବନସାଥୀର। ଜୀବନକୁ ସଠିକ୍ ମାଇନାରେ ବୁଝିବାକୁ ହେଲେ ପ୍ରଣୟର ପାଠ ପଢ଼ିବାକୁ ହୁଏ। ପ୍ରତ୍ୟେକ ମଣିଷ କେବେ ନା କେବେ କୋଉଠି ନା କୋଉଠି ଆଉ ଏକ ମଣିଷ ପ୍ରତି ଆକର୍ଷିତ ହୁଏ, ଏହା ଅସ୍ୱୀକାର କରିହେବ ନାହିଁ। ଆକର୍ଷଣ ହୋଇପାରେ ଦେହଗତ କିନ୍ତୁ ପ୍ରେମ ଦେହରୁ ଆରମ୍ଭ ହୋଇ ଦେହଠି ଶେଷ ହେବ, ଏ କଥାଟି ଗ୍ରହଣୀୟ ନୁହଁ। ସାମ୍ପ୍ରତିକ ସମାଜରେ ପ୍ରେମର ଭାବାର୍ଥ ବଦଳିଯାଇଛି। ସମସ୍ତେ ଆଜି ସାମୟିକ ସୁଖ ସାଉଁଟିବାରେ ବ୍ୟସ୍ତ ! ଏହି ପରିପ୍ରେକ୍ଷୀରେ ମନକୁ ଆସେ ରାଧାକୃଷ୍ଣଙ୍କର ଶାଶ୍ୱତ ଓ ଦେହାତୀତ ପ୍ରେମ ସମ୍ପର୍କ। ଭଗବାନ ସ୍ୱୟଂ ଆସିଥିଲେ, ରଚିଥିଲେ ରାସ

ବୁଝାଇଦେବାକୁ ମଣିଷକୁ ବାସ୍ତବ ପ୍ରେମର ମହତ୍ୱ। ଯିଏ ଜାଣେ ସିଏ ଜାଣେ- କେତେ କଳାରେ କୃଷ୍ଣ କଳା, କିସ ଜିନିଷ ରାସ !

ଏହି ପୁସ୍ତକରେ ତିରିଶିଗୋଟି କବିତା ରହିଛି ଯାହା ପ୍ରେମାବେଗର ବିବିଧ କଥାବସ୍ତୁ ଉପରେ ଆଧାରିତ। ଏହି ସଂକଳନର ଶୀର୍ଷକ କବିତା "ଶ୍ରୀରାଧାଙ୍କ ଶ୍ରୀ" ଜରିଆରେ ରାଧାକୃଷ୍ଣଙ୍କର ଅନାବିଳ ଭଲପାଇବାକୁ ଏକ ଆଧୁନିକ ଭଙ୍ଗୀରେ ଉପସ୍ଥାପନ କରିବାର ଦୁଃସାହସ କରିଛି। ଅଦ୍ୟାବଧି ସାହିତ୍ୟରେ ରାଧା କୃଷ୍ଣଙ୍କୁ ଝୁରିହେବାର ଦୃଷ୍ଟାନ୍ତ ଅନେକ ରହିଛି କିନ୍ତୁ କୃଷ୍ଣ ମଧ୍ୟ ରାଧାଙ୍କ ସ୍ମୃତିଚାରଣ କରିଥିବେ ଏପ୍ରକାର ଏକ ସମ୍ଭାବନାର ପରିକଳ୍ପନା ଏହି କବିତା ମାଧ୍ୟମରେ ସମ୍ଭବ ହୋଇପାରିଛି। କିଛି ଭୁଲ୍ ଅବା ଭ୍ରାନ୍ତିକର ଲେଖିଦେବି ନାହିଁ ତ- ଏ ଭୟ ବିଶାଳରୁ ବିଶାଳତର ହେଉଥାଏ ଯେତେବେଳେ ଯେତେବେଳେ ମୁଁ କଲମ ଧରି ବସୁଥାଏ। ଯିଏ ଏ ସୃଷ୍ଟି ସର୍ଜନାର ଉତ୍ସ ତାଙ୍କ ବିଷୟରେ କିଛିବି ଲେଖିବା ନିଶ୍ଚିତ ଭାବରେ ଏକ କଷ୍ଟସାଧ୍ୟ ଜିନିଷ। କୃଷ୍ଣଙ୍କୁ ଉଚିତ୍ ଭାବରେ ଅଧ୍ୟୟନ ନକରି ତାଙ୍କ ବିଷୟରେ କିଛିବି ମତପୋଷଣ କରିବା ଏକ ଧୃଷ୍ଟତା। ଅନ୍ୟ ଏକ କବିତା "କଷ୍ଟ କୃଷ୍ଣଙ୍କର" ଜରିଆରେ କୃଷ୍ଣ ମଧ୍ୟ ଯନ୍ତ୍ରଣା ଭୋଗ କରିଥିବେ ଏ ପ୍ରକାର ଏକ ଭାବନାକୁ ଜାଗା ଦେଇଛି। କୃଷ୍ଣଙ୍କୁ ନେଇ ଯାହାକିଛି କଳ୍ପନା କରିଛି ତାହା ସମ୍ପୂର୍ଣ୍ଣରୂପେ ମୋର ବ୍ୟକ୍ତିଗତ ଆକଳନ। ଯଦି ଏହି ଆକଳନରେ କିଛି ତ୍ରୁଟି ରହିଥାଏ, ଅଥବା କୌଣସି ବ୍ୟକ୍ତି ବିଶେଷଙ୍କୁ କୌଣସି କଥା ରୁଚିକର ନଲାଗେ ତେବେ ନିଜ ଗୁଣରେ ମୋତେ କ୍ଷମା କରିଦେବେ।

ଆଶାକରେ କବିତା ଗୁଡ଼ିକ ଆପଣମାନଙ୍କ ମନକୁ ଛୁଇଁବ, ଆପଣଙ୍କର ହୋଇଯିବ। ଆପଣମାନଙ୍କ ଭଲପାଇବା ମୋର ଏକାନ୍ତ କାମ୍ୟ। କବିତାସମୂହରେ ମୁଦ୍ରଣ ଜନିତ ଭୁଲ୍-ତ୍ରୁଟି ମାର୍ଜନୀୟ।

ସୂଚିପତ୍ର

ତୁମେ ଗଲାପରେ	୧୩
ସଂକ୍ଷିପ୍ତ ସଂଯୋଗ	୧୬
ସେକାଳ ପଖାଳ	୧୮
ବିସ୍ମୟ ସୂଚକ	୨୧
ଦେହାତୀତ	୨୩
କପାଳ ଲିଖନ	୨୫
ସ୍ୱୀକୃତି	୨୭
କଥାକାରର ଦ୍ୱନ୍ଦ	୨୯
ଶାଳଗ୍ରାମ	୩୧
ସାଧନା	୩୩
ଗଙ୍ଗା	୩୫
ପାହାନ୍ତି ମେଘ	୩୭
ଲୁଚକାଳି	୪୦
ଭଙ୍ଗାଘର	୪୨
ବୁଝାବଣା	୪୪
ଭିଜା ଅନ୍ଧାର	୪୮
ଅସହାୟତା	୫୧
ପାଳ ଦଉଡ଼ି	୫୩
ଚିତ୍ରକର	୫୬
ଅଥଳ ଜଳ	୫୮
ଆକର୍ଷଣ	୬୦
ପଣବନ୍ଧୀ	୬୨
ବିଷୁବ ରେଖା	୬୪
ହେତୁ	୬୬
ଝରାଫୁଲ	୬୮
ଲୁହ	୭୦
ମିଳନ	୭୩
ପୁନରାବୃତ୍ତି	୭୫
କଷ୍ଟ କୃଷ୍ଣଙ୍କର	୭୭
ଶ୍ରୀରାଧାଙ୍କ ଶ୍ରୀ	୮୧

ତୁମେ ଗଲାପରେ

ଏବେ ଏବେ ହସ୍ତଗତ ହେଲା
ତୁମ ମୃତ୍ୟୁର ସମ୍ବାଦ।
ମୃଦୁ ଭୂକମ୍ପର କମ୍ପନ ପରି
ବିଜୁଳି ବେଗରେ ଧାଇଁଗଲା
ଦେହରୁ ଅନ୍ତଃକରଣକୁ
ଏକ ଅବ୍ୟକ୍ତ କମ୍ପ,
ଶିରାପ୍ରଶିରା ଝିମିଝିମେଇ ଗଲା
ସତେକି କେହି ଜଣେ ମୁଠେଇ ଧରିଲା
ମୁହୂର୍ତ୍ତକ ପାଇଁ
ମୋ ହୃତ୍‌ପିଣ୍ଡ।
ଦେହଯାକ ଉଷୁମ ହୋଇ
ଜଳ ହୋଇଗଲା କ୍ଷଣିକ ମଧ୍ୟରେ,
ହାତୁଡ଼ି ପିଟିଲା ସଦୃଶ
ପିଟିହେଉଥାଏ ସ୍ପନ୍ଦନ ଛାତି ପଞ୍ଜରାରେ।
ବହୁତ୍ କାନ୍ଦ ଲାଗିଲା
କିନ୍ତୁ ଟୋପାଏ ହେଲେ ଲୁହ ଆଖିକୁ ଆସିଲାନି।

ତତଲା ଲୁହ ବୁନ୍ଦାସବୁ ତୁଷାର ରେଣୁ ପାଲଟିଗଲା କି ?
ଯନ୍ତ୍ରଣାର ଉଷ୍ଣତା ମୃତ୍ୟୁର ଶୀତଳତାରେ ଲୀନ ହେଲାକି ?

କ'ଣ କ୍ରିୟା
କି ପ୍ରତିକ୍ରିୟା
କେତେ ବିଷକ୍ରିୟା ଘଟୁଛି ଯେ !
କିଛି ଜାଣିପାରୁ ନାହିଁ ମୁଁ
କେତେ କ'ଣ ଅନୁଭବ କରୁଛି ଏକାସାଙ୍ଗରେ
କିଛି ବ୍ୟକ୍ତ କରିପାରୁ ନାହିଁ।
ଏବେ ଏବେ ପୂର୍ଣ୍ଣଛେଦ ଗୋଟେ ଫୋଡ଼ିହୋଇ ଯାଉଛି
ମୋ ଆଖି ଡୋଳାରେ ହେଲେ ଲୁହ ବାହାରୁନାହିଁ।
ମୁଁ କାନ୍ଦି ପାରୁନାହିଁ କାହିଁକି ?

ମୃତ୍ୟୁ ପଶିଆସିଛି କି ମୋ ଭିତରକୁ(?)
ଶୁଭ ଦେବା ପାଇଁ
ଏକ ଚିରସ୍ଥାୟୀ ମଶାଣିର ଭିତ୍ତିଭୂମି
ତୁମକୁ ଠିକଣା ଜାଗାରେ ପହଞ୍ଚାଇ ସାରି,
ଗିଳିଦେଲା କି ସେ ଗୋଟା
ଜୀଅନ୍ତା
ଅଜଗର ଭଳି
ଭାଙ୍ଗି ମୁଡ଼ି ହୋଇ ବେଢ଼ ଦେଉଛି
ହଜମ କରିବାକୁ ମୋତେ।

ନା, ଏତେ ନିର୍ଦୟ ନୁହେଁ ଏ ମୃତ୍ୟୁ।
ମୋ ଭିତରେ ପଶିଲା
ପୁଣି ତା' ଭିତରକୁ ଟାଣିନେଲା
ନିମିତ୍ତ ଅସମ୍ପୂର୍ଣ୍ଣ ମୁହୂର୍ତ୍ତକ ଭିତରେ,
ଅଧା ମାରିକରି ଛାଡ଼ିଦେଇଗଲା ବଞ୍ଚିବାକୁ
ଯେମିତି ବଜ୍ରାଘାତ ଉତ୍ତାରେ ବଞ୍ଚିଥାଏ
ଫଳନ୍ତି ନଡ଼ିଆ ଗଛ।
ଅର୍ଦ୍ଧାଧିକ ଦଗ୍ଧ,
ବର୍ତିଯାଇଥିବା ଅଳ୍ପ କିଛି ବାହୁ

ଖଇରିଆ-ଶାଗୁଆ ଦିଶୁଥାଏ,
ଯେମିତି ମେହେନ୍ଦି ବୋଳା ହୋଇଥାଏ ପତ୍ରରେ।

ତୁମେ ଥିଲ ବୋଲି ଜୀବନରେ ଥିଲା
ସତେଜ ଶାଗୁଆପଣ
ତୁମେ ଚାଲିଗଲା ପରେ
ମୃତ୍ୟୁର ମେହେନ୍ଦି ଲାଗିଲା ମୋ ସର୍ବାଙ୍ଗରେ
ଅନ୍ତରାତ୍ମାରେ।

ମରିବିନି ମୁଁ ଏବେ
ବଞ୍ଚିଯିବି ଆଉ କିଛିଦିନ
ଆଉ ଏକ ପୁନର୍ମିଳନର ଆଶା ଆକାଂକ୍ଷାରେ
ଯେମିତି ଏକା ଏକା ଠିଆହୋଇଥାଏ ଗ୍ରୀଷ୍ମ ଛୁଟିରେ
ଶିକ୍ଷାନୁଷ୍ଠାନର ନିର୍ଜନ ଅର୍ଥବିହୀନ କୋଠାଘରମାନ
ଛାତ୍ରଛାତ୍ରୀଙ୍କ ଅପେକ୍ଷାରେ।

ଅଧା ବଞ୍ଚିଲା ଜୀବନରେ ନିତି ଟିକେ ଟିକେ ମରୁଥିବି
ନିତି ବେଶୀ ବେଶୀ ମୃତ୍ୟୁର ଅପେକ୍ଷା କରୁଥିବି।

ସଂକ୍ଷିପ୍ତ ସଂଯୋଗ

ତୁମେ ଆସିଥିଲ ଅପ୍ରତ୍ୟାଶିତ
ଯିବାର ବି ଆଭାସ ଦେଲନାହିଁ
ତୁମର ଓ ମୋର
ଏ ଆକସ୍ମିକ ସଂଯୋଗର ଆୟୁଷ
ସତରେ କେତେ ସଂକ୍ଷିପ୍ତ ଥିଲା ।

ସ୍ୱପ୍ନରେ ବି କେବେ ଭାବିନଥିଲି
ତୁମକୁ ପାଇପାରିବି
ନିଜର ବୋଲି କହିପାରିବି
କିନ୍ତୁ,
ତୁମେ ଆସିଲ ସ୍ୱଇଚ୍ଛାରେ
କେତେ କେତେଙ୍କ ମଧ୍ୟରୁ
ଯୋଗ୍ୟ ବିବେଚିଲ ମୋତେ,
ସ୍ୱଳ୍ପ ସମୟ ପାଇଁ ହେଲେ ହେଉ ପଛେ
ତୁମେ ମୋର ହୋଇଥିଲ
କେବଳ ମୋର ।

ବଦଳିଥିଲା ମୋ ଦୁନିଆ
ବଦଳିଯାଇଥିଲା ଜୀବନ,
ଆନନ୍ଦରେ ଆତ୍ମହରା ହୋଇ
ଫାଟିପଡୁଥିଲା ହୃଦୟ,

ନିଜକୁ ହଜାଇଦେଇଥିଲି
ତୁମ ସୌନ୍ଦର୍ଯ୍ୟ ଚର୍ଚ୍ଚାରେ
ଲାଗୁଥିଲା- ଯେମିତି
ନୂଆ ନୂଆ ପ୍ରେମରେ ପଡ଼ିଲେ ଲାଗେ ।

ହଠାତ୍ ଦିନେ ଦେଖିଲି
ତୁମେ ଆଉ ମୋର ହୋଇ ନାହଁ,
ମନ ମାନିବାକୁ ନାରାଜ୍ ହେଲା
ସବୁକିଛି ଅଚାନକ ସରିଯିବାଟା
ଅବିଶ୍ୱସନୀୟ ଲାଗିଲା ।
ମୁଁ ବିକଳ ହୋଇ ଖୋଜିବାକୁ ଲାଗିଲି
ହେଲେ ତୁମେ ତ ଯାଇସାରିଥିଲ
କେମିତିବା ମିଳିଥାନ୍ତ ମୋତେ ?

ଭଲର ଆରମ୍ଭ ଓ ଶେଷ
ବୋଧେ ଏମିତି ହୁଏ
ଆରମ୍ଭ ଆଣିକରି ଆସେ ହସ
ଶେଷ କନ୍ଦାଇ ଦେଇଯାଏ,
ବଞ୍ଚିରହେ କେବଳ ସ୍ମୃତି ।

ଏବେ ସ୍ମୃତି ସାଉଁଟିବାରେ ସମୟ କଟୁଛି
ଯାହାକିଛି ଦେଇଯାଇଥିଲ
ତାକୁ ହିଁ ବିକି ଭାଙ୍ଗି କରି ବଞ୍ଚୁଛି,
ତୁମେ ଯିବାପରେ ଲାଗୁଛି-
ଜୀବନ ଅକାମୀ ଓ ଅର୍ଥହୀନ
ଯେମିତି ହୃଦ୍‌ଘାତରେ ମରିବା ପରେ
ଶରୀରର ଅନ୍ୟସବୁ ଅଙ୍ଗ
ସୁସ୍ଥ ଥାଇ କେତେ ନଥାଇ କେତେ ।

ସେକାଳ ପଖାଳ

ବର୍ଷାଦିନେ
ଆଉ କାନରେ ବାଜୁନାହିଁ
ବାଇଚଢ଼େଇର ଗୀତ
ଘରଚଟିଆଙ୍କ କିଚିରି ମିଚିରି କଳି,
କେଜାଣି କୁଆଡ଼େ ଉଭାନ୍ ହୋଇଗଲେ ସବୁ।

ଆକାଶ ଛୁଆଁ ତାଳଗଛର
ସବୁତକ ବରଡ଼ା ଖାଲି ଖାଲି
ଖାଁ ଖାଁ।

ମନେପଡ଼େ ପିଲାଦିନ।
ସାଙ୍ଗସାଥୀ ମେଳ ଧୂଳିବାଲି ଖେଳ
ଗୀତ ଗାଇ ଗାଇ ଭିଜିବା ଝିପିଝିପି ବର୍ଷାରେ
ପ୍ରଜାପତିର ଏ ଫୁଲରୁ ସେ ଫୁଲକୁ ଡେଇଁବା
ପ୍ରଜାପତି ପଛେ ପଛେ ଧାଇଁବା,
ଜହ୍ନ ଆଲୁଅ ତଳେ ଶୋଇ ତାରା ଗଣିବା
ଅସରାଏ ମେଘ ଓ କାଳବୈଶାଖୀ ବତାସ୍ ପରେ
ପଣ୍ଡା ଘର ବାଡ଼ିପଟେ ଆମ୍ବ ଗୋଟାଇବାକୁ ଯିବା
ପଡ଼ୋଶୀ ଘର ବାଡ଼ିରୁ ପିଜୁଳି ଚୋରୀ କରିବା
ପୁଣି ତାହା ମିଛକୁ ସତର ରୂପ ଦେଇ ଖୁସି ମନାଇବା।

ଭଲ ଲାଗୁଥିଲା-
ଭୋର୍‌ବେଳା ଝରା ମାଳତୀର ବିଛଣା
ଗୋଧୂଳି ବେଳରେ କୃଷ୍ଣଚୂଡ଼ା
ନଦୀପଠା କାଶତଣ୍ଡୀର ପବନର ତାଳେ ତାଳେ ନାଚ,
ଡିଆଁ ମାରୁଥିଲା ହୃଦୟ ବୁଲିଯିବା ପାଇଁ
ଗାଁ ମେଳଣ
ମହୋତ୍ସବ ଭୋଜିଭାତ
ବାପାଙ୍କ ହାତ ଧରି।

ମନେଅଛି:
ରାଜାରାଣୀ ଗପ ଆଈମା'ର
ପଖାଳ ସାଥିରେ ପତୁଆ ପଥୁରିବସା ଜେଜେମା'ର
ଭାଇ ଭଉଣୀଙ୍କ ସହ ଝଗଡ଼ା କଳି
ମା'ର ବିରକ୍ତ ଭରା ଗାଳି
କୁଟା ଛପର ମାଟିକାନ୍ଥର ଘର
ଅବର୍ଣ୍ଣନୀୟ ଉତ୍କଣ୍ଠା ବୁଲିଯିବାର
ଖରାଛୁଟିରେ ମାମୁଁଘର।

କେତେ କେତେ କଥା କେତେ କେତେ ମୁହୂର୍ତ୍ତ
ହଜିଯାଇଛି ସମୟର ଚୋରା ବାଲିରେ !

ଗାଁ ହାଟ କଡ଼ର ବୁଢ଼ା ବରଗଛ ଦେହରେ
ବସବାସ କରୁଥିବା ହରଡ଼ ପଲ
ଅଚାନକ କୁଆଡ଼େ ଚାଲିଗଲେ,
ବେତକୋଳି ବଇଁଚକୋଳି
କଇଁଥ କେନ୍ଦୁ ସାଲମା ଆଦି ବଣୁଆ ଜିନିଷ
ଆଉ ଦେଖିବାକୁ ମିଳେନା,
ପିଲାବେଳର ମଜାଳିଆ ମଣିଷ ସବୁ
କୋଉ କାଳରୁ ସେପାରିକୁ ଗଲେଣି

ମନ ଝୁରୁଥିବା କିଛିବି କଥା
ଆଉ ହାତ ପାହାନ୍ତିରେ ନାହିଁ
ହଠାତ୍ ମନେ ପଡ଼ିଗଲା-
ଆଉ ତୁମେବି ତ' ନାହଁ।

ବିସ୍ମୟ ସୂଚକ

ଲେଖନୀ କାନ୍ଦେ
ରାତି ଅଧିଆ
ଥରଥର ହାତକୁ ଧରି,
ଭିଜିଯାଏ କାନଭାସ୍
ବିଡ଼ମ୍ବନାର ବୁନ୍ଦା ବୁନ୍ଦା ଲୁହରେ।

ଅଭାବରୁ ହିଁ ସବୁ ଭାବର ଜନ୍ମ!

ଅକାମୀ ମଣିଷର ପଚା ଘା'
ଶୁଖିବାର ନାଁ ନେଉନାହିଁ
କାଳଚକ୍ରର ଛକିଶୂନ ଖେଳ ଥମୁନାହିଁ,
କାୟା ବିସ୍ତାର କରି ଚାଲିଛି
ଅକୁହା ଯନ୍ତ୍ରଣାର ସୁଖ ସାମ୍ରାଜ୍ୟ
ମୌସୁମି ଫେରିଯିବାର ଅନୁଭୂତି
କହଦହ କରି ମାରୁଛି।

ସବୁକିଛି ପାଇବା ଲୋକ
ସବୁକିଛି ହରାଇଛି
କାହାକୁ ପୁଣି ପ୍ରତିଯୋଗିତା ନକରି
ମୁକୁଟ ସୁଖ ମିଳିଛି;

ପ୍ରୟାସ କରିଛି ନିର୍ଦ୍ଦୋଷ
ଦୋଷୀବି ପ୍ରଚେଷ୍ଟାରତ।

ଅନ୍ଧାରୀ ଭଉଁରୀର ଭୋଗୀ
ବୁଝିପାରିବନି ମତର ମହନୀୟତା
ବେଳାଭୂମିର ଭିଜା ଆଖି
କେବେ ଶୁଖିବନି।

ଘଟଣାକ୍ରମରେ ଘଟୁଛି
ଯାହା ଘଟିବାର ଅଛି,
ଭାଙ୍ଗିବା ଜିନିଷ ଭାଙ୍ଗିଛି,
ଯୋଡୁଛି, ଯାହା ଯୋଡ଼ିବାର ଅଛି
ବିସ୍ମୟ ସୂଚକର ବିସ୍ମୟ ବିନ୍ଦୁ
ମରାମତି ଅପେକ୍ଷାରେ...

କେଡ଼େ କଠିନ ଏ ମରାମତି କାମ !

■

ଦେହାତୀତ

କଥା ଦେହର ହୋଇଥିଲେ
କଥା ସରନ୍ତାଣି କେବେଠୁ,
ଦେହାତୀତ ଦେହର ଜୀବନ କେତେ କାଳ
ସେକଥା କାଳକୁ ବି' ଅଗୋଚର।

ଦେହରୁ ମୁଣ୍ଡ ଅଲଗା ହେବାର ଘଟଣାକୁ
ଏକ ଯୁଗ ବିତିଲାଣି
ତଥାପି ଛଟକୁଛି ହୃତ୍‌ପିଣ୍ଡ
ଛାତି ପଞ୍ଜୀରା ତଳେ,
ଦେହର ଦାୟାଦମାନେ
ବୁଝିପାରିବେକି ସେକଥା (?)

କେମିତି ବୁଝିବେ ସେମାନେ-
ଆତ୍ମା ସହ ଆତ୍ମାର ମିଳନ
ନା ଦେହଗତ ନା ଦେହଜାତ।
ପାଣିରେ ଗାର ଟାଣିଦେଇ
ପାଣିକୁ ପାଣିଠୁ ଅଲଗା କରିହୁଏ ନାହିଁ ।
ଅମାବାସ୍ୟାର ଛୁଆମାନେ
କାହୁଁ ବୁଝିବେ
ପୂର୍ଣ୍ଣମୀ ଆଲୁଅର ତେଜ!

ତୁମେହିଁ କହି ଦେଉନା-
ତୁମେ କିଏ
କାହାର
କେଉଁଠି କେତେ,
ଉତ୍ତର ମିଳିଯାନ୍ତା
ପାଣିକୁ ହାଣିଥିବା
ଗଜମୂର୍ଖ ଗୁଡ଼ାଙ୍କୁ ।

■

କପାଳ ଲିଖନ

ତୁମେ କ'ଣ ବାସ୍ତବରେ
ମୋ ଅତୀତ, ଅତୀତରେ ସିମୀତ (!)
ମୃତ ଦିନ ମାନଙ୍କର ସନ୍ତକ।

ତେବେ ସେ କିଏ ?
ଯିଏ ଚାଲିଛି ମୋ ସାଥେ
ପାଦରେ ପାଦ ମିଶାଇ
ମୋ ପାଇଁ
ମୋ ଦେହର ଛାଇ ହୋଇ।

ଛାୟାରୂପୀ ଗୋ (!)
ତୁମେ କହିବକି
ତୁମେ କେତେ ତୁମର
କେତେ ମୋର ?

ସବୁଠି ଅଛ ତୁମେ
ମୋ ଆଜିରେ: ଅଛ
ମୋ ଭାବରେ ଭାବନାରେ
ଚିନ୍ତାରେ ଚେତନାରେ
ରହିଛ ପ୍ରେମରେ
ସତର ସାମର୍ଥ୍ୟରେ

ଅଛ ସବୁ କାମରେ
ଅକୁହା କାମନାରେ
କବିଙ୍କ ଗୀତରେ
ଦେବୀଙ୍କ ଅର୍ଚ୍ଚନାରେ
ଥାଅ ତୁମେ ଫୁଲରେ
ଫଗୁଣର ବାସ୍ନାରେ
ଜହ୍ନ ଆଲୁଅର ଶୀତଳ ସ୍ପର୍ଶରେ
ବର୍ଷାର ମିଠା ମିଠା ଛିଟାରେ
ନବ ଯୌବନା ଝିଅର ଖିଲି ଖିଲି ହସରେ
ଦେଖେ ତୁମକୁ ପୁରାଣ ସାହିତ୍ୟରେ
ଆଉ କେବେ ପୁରୁଣା ସାହିତ୍ୟରେ
ଆସୁଛ ସ୍ୱପ୍ନରେ
ଦିଶୁଛ ସାଧନାରେ
ମନର ବେଦନାରେ ନଅର ତୋଳିଛ ।

ସବୁଠି ତ' ତୁମେ
ତୁମେ ଆଉ ତୁମେ (!)
ତେବେ କୋଉଠି ନାହଁ ତୁମେ ?

ସ୍ୱୀକୃତି

ସ୍ୱୀକୃତିରେ ଶକ୍ତି ଅଛି,
ଅଦମ୍ୟ ଶକ୍ତି !

ସମାଜର ସ୍ୱୀକୃତିରେ ଶକ୍ତି ଥାଏ
ଥାଏ ମନର ସ୍ୱୀକୃତିରେ ବି
ମନ କଥା ମନ ମନରେ ଥାଏ
ସମାଜ ନିଜର ଶକ୍ତି ସମୟରେ ଦେଖାଇଥାଏ।

ସମାଜ ଦିଏ
ତା' ଶକ୍ତିର ପ୍ରମାଣ-
ସମୟରେ,
ସମୟ ଦେଖି,
ସମୟକୁ ଦେଖାଇ,
ଦିଏ ବାରମ୍ବାର।

ମନ ବି' ହାର୍ ମାନେନା
ନିଜ ବ୍ୟତିରେକେ କାହାର ଶୁଣେନା,
ହାରିବ ଯଦି ସେ ନିଜ ଇଚ୍ଛାରେ
ଆଉ କାହା ଦବ୍‌ଦବାରେ ମୋଟେ ଆସେନା।

ପିନ୍ଧି ନେଇଥିଲି ସିନ୍ଦୂର ସିନ୍ଥିରେ ମୋର
ତୁମ ନାମରେ
ଗ୍ରହଣ କରିଥିଲି ତୁମକୁ
ବଡ଼ ସଉକରେ,
ମୁଁ ସବୁଦିନ ସବୁ ଜନ୍ମ
ତୁମର ବୋଲି କହିଥିଲି
ମନର ମନୋବଳରେ ବଳିଆନ ହୋଇ,
ହେଲେ...

ହାରିଗଲି ମୁଁ (!)
ଯେଉଁଦିନ ତୁମକୁ ପାସୋରି
ଆଉ କାହା ସିନ୍ଦୂର ପିନ୍ଧିନେଲି,
ମାନିନେଲି
ସମାଜର ଶକ୍ତି,
ଯେଉଁଦିନ ତୁମେ ବଞ୍ଚି ଥାଉ ଥାଉ
ମୁଁ ବିଧବା ସାଜିଗଲି !

କଥାକାରର ଦ୍ୱନ୍ଦ

ମୁଁ ଜାଣେ
କେମିତି ସଜାଇଲେ ତୁମକୁ
ତୁମେ ମନଲୋଭା ଦିଶିବ,
କେମିତି କହିଲେ ତୁମ କଥା
କାହାଣୀରେ ଜୀବନ ପଶିବ,
ସବୁକିଛି ଜୀବନ୍ତ ଲାଗିବ।

ମୋତେ ଜଣାଅଛି
ତୁମକୁ ଗଢ଼ିତୋଳିବାର ସବୁତକ ପାଠ।
ଜଣାଅଛି, କେତେ ଲାଗିବ କେଉଁ ରଙ୍ଗ
କେଉଁ କେଉଁ ଅଙ୍ଗରେ ତୁମର,
କେତେ ଫେଣ୍ଟିବାକୁ ହେବ
କ'ଣ କ'ଣ ବାଣ୍ଟିବାକୁ ହେବ
ତୁମକୁ ଆଙ୍କିବାକୁ ହେଲେ।

ମୁଁ ଜାଣିଛି
କେଉଁ ଆବରଣ କେତେ ମାନିବ
ତୁମ ଦେହରେ,
କେଉଁ କେଉଁ ଅଳଙ୍କାର ଆଶ୍ଚର୍ଯ୍ୟ ଭରିଦେବ
ତୁମ ଅଙ୍ଗମାନଙ୍କରେ,

ଯାହା ମୁଁ ପିନ୍ଧାଇବାକୁ ଚାହେଁ
ପିନ୍ଧିନେବ ତୁମେ ନିର୍ଦ୍ୱନ୍ଦରେ ।

ତୁମେ ଯଦି ବନିଯାଅ
ଯାହା ମୁଁ ବନାଇବାକୁ ଚାହେଁ
ଆତ୍ମହତ୍ୟା କରିଦେବେ ମିଛ ନାୟକ
ଯେତେସବୁ ଖଳନାୟକ,
ଶିକାର ଭୁଲିଯିବେ ଶିକାରୀ
ସତ୍ୟକୁ କବର ଚିରି ଉଠିଆସିବାର ଦେଖି,
ଭୁଲ୍ ହୋଇଯିବ ଅଙ୍କ ହିସାବୀ ଲୋକମାନଙ୍କର
ସବୁ ପଦାରେ ପଡ଼ିଯିବ ।

ଏବେ କାହାଣୀର ଭାଗ୍ୟ
ନା କଥାକାରର କାରିଗରୀରେ ଅଛି
ନା ଅଛି ତୁମ ଇଚ୍ଛା ଅନିଚ୍ଛାରେ,
ସେ କାନ୍ଦୁଛି ତା' ଶବ୍ଦମାନ ମୂକ ହେବାର ଦେଖି
ତୁମେ ଲୁହ ଝରାଉଅଛ
ତୁମ ନାୟକକୁ ନ୍ୟାୟ ଦେଇ ନପାରି ।

■

ଶାଳଗ୍ରାମ

କ'ଣ ବୁଝିବ ମାଙ୍କଡ଼
ଶାଳଗ୍ରାମର ମାନେ
କେମିତି ଜାଣିବ ସେ-
ସବୁ ପଥର ନୁହେଁ ପଥର।

ମାଙ୍କଡ଼ ଖୋଜେ ସୁଖ:
ହରା ଭରା ପ୍ରକୃତିର
ତାଜା ପନିପରିବା
ଗୋଟା ଫଳ।

ମାଙ୍କଡ଼ ଗଛ ଚଢ଼ିପାରେ
ଡାଳରୁ ଡାଳକୁ ଡେଇଁପାରେ
ଫୁର୍ତ୍ତିରେ ଫୁର୍ତ୍ତିରେ ଖେଳୁ ଖେଳୁ
ଛୋଟ ଡାଳମାନ ଭାଙ୍ଗିପାରେ,
ଫୁଲକୁ ଦଳି ଚକଟିପାରେ
ଫଳ ଅଇଁଠା କରିପାରେ
ଭଲ ନଲାଗିଲେ ସ୍ୱାଦ
ଅଧା ଖାଇ ଛାଡ଼ିପାରେ,
ତେଣିକି ସବୁ ନିର୍ଭର କରେ ତା' ଇଚ୍ଛା ଅନିଚ୍ଛା
ତା'ର ଆବଶ୍ୟକତା ଉପରେ।

ଭୋକ ଖୋଜେ ଖାଦ୍ୟ
ଖାଦ୍ୟ ମିଳିଗଲେ ମାଙ୍କଡ଼ ଖୁସ୍ ।
ଡେଇଁବା, ଓହଳିବା, ତୋଳିବା,
ଟାଣିଆଣି ଛିଣ୍ଡାଇ ନେବା, କାଞ୍ଜୁରୁ କାଞ୍ଜୁରୁ ଚୋବାଇବା
ଏସବୁ ମାଙ୍କଡ଼ର ଜନ୍ମସିଦ୍ଧ ପ୍ରବୃତ୍ତି ।

ଗଛ ଅଭିଯୋଗ କରିବତ' କେମିତି ?
କାହା ପାଖରେ କହିବ
ମାଙ୍କଡ଼ର ମାଙ୍କଡ଼ାମି
ତା' ପଦାଘାତର କଥା ?

ମିଳିଗଲା ମାଙ୍କଡ଼କୁ
ଶାଳଗ୍ରାମର ମାଲିକାନା
କେଜାଣି କେଉଁ ଜନ୍ମର ପୁଣ୍ୟ ବଳରେ,
ସେ ମାତିଗଲା ଖେଳକୁଦରେ
ତା' ପୃଷ୍ଠଭୂମିରେ
ତାକୁ ସାମାନ୍ୟ ପଥର ମଣି ।

ମାଙ୍କଡ଼ ପାଇଁ ସବୁ ପଥର ମାଙ୍କଡ଼ା ପଥର
ସେ କାହୁଁ ବୁଝିବ ସେ ଗହନ ମହିମା
ଦାରୁବ୍ରହ୍ମର ।

■

ସାଧନା

ସୁଖ
ଯାହା ମୌଳିକ
ଅତି ଆବଶ୍ୟକ
ପାସୋରି ଦେଲ ତୁମେ
ମୋ' ପାଇଁ
ଅକ୍ଲେଶରେ ।

ତୁମେ ମୌଳବାଦୀ ।
ତୁମ ଜୀବନର ଧର୍ମ ଏକ–
ନେବ ଯଦି ଗୋଟା
ଦେବ ଯଦି ଗୋଟା
ତୁମେ ବିଶ୍ୱାସ କରନା ଭାଗବଣ୍ଟାରେ ।

ବିସର୍ଜନ କରିଦେଲ ହସି ହସିକରି
ସେଇ ଦରକାରୀ ବସ୍ତୁ
ଯାହାଠୁ ମୁହଁ ଫେରାଇବାକୁ
ଲାଗିଯାଏ କାହିଁ କେତେ ଯୁଗ
ସାଧୁଜନମାନଙ୍କୁ ।

କାନ ଥାଇ ବଧିର ହେବା
ପାଟି ଥାଇ ମୂକ ହୋଇ ବଞ୍ଚିବା

ଖାଦ୍ୟକୁ ପାଖରେ ଥୋଇ
ଭୋକ ଉପାସରେ ଶୋଇବା
ପହଁରା ଶିଖିଥାଇ ବୁଡ଼ି ମରିବାକୁ ଚାହିଁବା-
ଏହା କେଉଁ ସାଧନାଠୁ କିଛି କମ୍ କି ?

କିଛି ଘିଅ ନିଆଁର ଆଞ୍ଚରେ ନୁହେଁ
ତରଳେ କାହାର ଶୀତଳ ସ୍ପର୍ଶରେ
ସବୁକଥା ରକ୍ତ ମାଂସର ନୁହେଁ
କିଛି ଥାଏ ଆତ୍ମାର ଓ ଆତ୍ମାନୁଭୂତିର ।

■

ଗଙ୍ଗା

ହେ ଗଙ୍ଗୋତ୍ରୀ !
ତୁମେ ଆଦ୍ୟା ତୁମେ ଆରାଧ୍ୟା
ମହାକାଳଙ୍କ ମସ୍ତକରୁ ପ୍ଲାବିତା ପୂଣ୍ୟରେଖା ଗୋ,
ତୁମେ ସତ୍ୟ ଓ ସୁନ୍ଦରତାର ସଜଳ ସ୍ରୋତ
ପବିତ୍ରତାର ସର୍ବଶ୍ରେଷ୍ଠ ପ୍ରତୀକ ତୁମେ।

ଦେବାଙ୍ଗନା ଗୋ !
ମଣିଷ ତ' ମଣିଷ ଦେବତାଗଣ ବି' ନତମସ୍ତକ
ତୁମ ଦିବ୍ୟ ଧାରାର ପ୍ରଶଂସାରେ।

ତୁମେ ଦେଖିଛ
ପାପର ପେଟ ଓ ପିଠି,
କେତେ କିଏ ଆସିଛନ୍ତି ତୁମଠି
ପାପର ପୁଟୁଳି ପିଠିରେ ବୋହି
ସ୍ନାନ ଭିକ୍ଷା ମାଗି;
ବୁଡ଼ି ମରିଛନ୍ତି ନିଜ ସଂକୀର୍ଣ୍ଣତାରେ
ଫେରି ଯାଇଛନ୍ତି ଖାଲି ହାତରେ,
ତୁମେ ଦେଖିଛ।

ମୁକ୍ତିର ବୁଢ଼ ପିଲାଖେଳ ହୋଇଛି କି ?

ତୁମେ ଯୁଗଜନ୍ମା ପୁଣ୍ୟାତ୍ମା
ତୁମର ସାନିଧ୍ୟ ଦୈବୀସିଦ୍ଧ ।

■

ପାହାନ୍ତି ମେଘ

ଏ ମେଘ ବି' ଭାରି ଜିଦିଆ
ଠିକ୍ ତୁମ ଭଳି ।
ଝୁଙ୍କ ଧରି ଢାଳି ଚାଲିଛି କିଛିଦିନ ଧରି
ଯେମିତି କାମ ସାରି ଫେରିବାର ଅଛି ତାକୁ
କାହା ପାଖକୁ ।

ଘରୁ ପାଦ କାଢ଼ିବାକୁ ଦେଉନାହିଁ
ଭାରି ବିରକ୍ତ କରି ରଖିଛି
କେଜାଣି କ'ଣ ଚାଲିଛି ତା' ମନରେ,
ଗୋଟେ ଘର ଭିତରେ ରହି ରହି
ଘରଟା କାରାଗାର ପରି ଲାଗୁଛି ।

ବର୍ଷା ମିଶା ବତାସ୍ ପିଟି ଚାଲିଥିଲା
ମୋ ଝରକା କବାଟରେ
ପାହାନ୍ତି ବେଳରେ
ଯେମିତି ଅସହାୟ ମଣିଷଟିଏ
ମୁଣ୍ଡ ପିଟୁଥାଏ ମନ୍ଦିର ବେଢ଼ାରେ ।
ନିଦ ଭାଙ୍ଗିଗଲା
ଉଠି ବସିଲି ବିଛଣାରେ
ଝରକା ଖୋଲି ଦେଖିଲି
ବାହାରେ ଚିକିଟା ଅନ୍ଧାର,

ଝରୁଥିଲା ବର୍ଷା ଧୀରେ ଧୀରେ
ଯେମିତି ବହିଚାଲେ...
ନିଶବ୍ଦ ଲୋତକର ଧାରା ।

ଚାହିଁରହିଲି ଅନ୍ଧାର ଭିତରକୁ
ତା' ଦେହର କଳା ଟିକେ ପତଳା ଦିଶିଲା
କିଛି କ୍ଷଣ ଚାହିଁବା ଉତ୍ତାରେ,
ହଠାତ୍ ଦିଶିଗଲା ମେଘର ମୁହଁ
ଶୁଖା ଶୁଖା ଥକା ଥକା,
ଦେଖିଦେଲି ତା' ଭିଜା ଆଖି ଦୁଇଟା
ତା' ଡୋଳାର ନାଲି,
ଏକାବେଳକେ ଛାଡ଼ିଗଲା
ମୋ' ଆଖିର ସବୁତକ ଅଳସ ।
ଆଉଜିଆସିଲି ଝରକା କଡ଼କୁ
ମେଘ ଆଡ଼କୁ
ତା' ଆଖିର ଲୁହ କେଇବୁନ୍ଦା
ଆସି ପଡ଼ିଲା ମୋ' ଆଖିରେ,
ଶୀତେଇଉଠିଲା ଦେହଟା
ଅଜଣା ନିବିଡ଼ତାରେ ।

ହାତ ବଢ଼ାଇ ଆଞ୍ଜୁଳା କରି ଧରିଲି
ତା' ଅଶ୍ରୁଜଳ କିଛି
କଥା ହେଲି ତା' ସହ କିଛି ସମୟ,
ଜାଣିବାକୁ ପାଇଲି-
କେମିତି ସହିଥିଲା ସେ
ଶୀତର ହାଡ଼ଭଙ୍ଗା ଜାଡ଼
ଗ୍ରୀଷ୍ମର ନିଆଁ ଝୁଲ,

ଏବେ ଏବେ ବସନ୍ତ ବି ବେଇମାନ୍ ହେବାର ଖବର ପାଇଛି
ତେଣୁ ସେ କାନ୍ଦୁଛି।

ଏ ମୁଖମଣ୍ଡଳ କାହାର
ମେଘର ନା ତୁମର ?

ଲୁଚକାଳି

ଚିତ୍ ହୋଇ ପଡ଼ିଥିଲା ଜୀବନ
ମୃତ୍ୟୁ ରୂପୀ ନିରବତାରେ
ଛୁଇଁକରି ଦେଖିଲି-
ସେ ବଞ୍ଚିଛି।

କଥା ହେଲି ତା' ସହ
ନିଃସଙ୍ଗତାରେ,
ପଚାରିଲି ତା' ନିରବତାର ରହସ୍ୟ,
ମିଳିଲା ଉତ୍ତରରେ
ସ୍ମିତହସ।

ପଚାରି ବସିଲି ଅଭିପ୍ରାୟ
ଅବଶୋଷ
ବିସ୍ତୀର୍ଣ୍ଣ ନିରବତାର,
"ଖେଳ ସରୁନାହିଁ" ମୁହଁ ଖୋଲି କହିଲା
ନିରବତା।

ମଜା ନେଇ ନେଇ ମାରୁଛି ମୃତ୍ୟୁ(!)
ଆଉ ଏକାକୀ ଆସୁନାହିଁ ସେ
ବଂଶ କୁଟୁମ୍ବକୁ ସାଥିରେ ଆଣିକରି ଆସୁଛି,
ଖାଇଯାଉଛନ୍ତି ଏକସଙ୍ଗରେ

ଖାବୁଲା ଖାବୁଲା,
ରକ୍ତାକ୍ତ ଦରଖଣ୍ଡିଆ କରି ଛାଡ଼ି ଯାଉଛନ୍ତି
ପେଟ ପୁରିଗଲା ପରେ।

ଧରା ଦେଉନାହିଁ ମୃତ୍ୟୁ !

ଭଙ୍ଗାଘର

ସବୁ ବିଛାଡ଼ିହୋଇ ପଡ଼ିଥିଲା
ତୁମେ ଆସିବା ବେଳକୁ
ଯେମିତି ପଡ଼ିରହିଥାଏ ଧନ ଜୀବନ
ସୁନ୍‌ସାନ୍ ଭୂଇଁ ଉପରେ
ମହାବାତ୍ୟା ଥମିଗଲା ପରେ।
କିଏ ମୃତ କିଏ ଜୀବିତ
କିଏ ସବୁ ନାଡ଼ିନୁଡ଼ି ହେଉଥାନ୍ତି ବଞ୍ଚି ଉଠିବାକୁ
ତା'ର ଅନୁମାନ ଲଗାଇ ହେବନାହିଁ।

ହତ୍ୟା ହୋଇଥିଲା କାହାର।
ଗଣ୍ଡିରୁ ମୁଣ୍ଡ ଅଲଗା
ହାଡ଼ରୁ ମାଂସ
ଖଣ୍ଡ ଖଣ୍ଡ ହୋଇ ପଡ଼ିଥିଲା ଅଙ୍ଗପ୍ରତ୍ୟଙ୍ଗ
ଛିଟା ଛିଟା ରକ୍ତ ଉପରେ।

ଭାଙ୍ଗିଯାଇଥିଲା ବିଶ୍ୱାସର ଘର
ଉଡ଼ିଯାଇଥିଲା ତା' ଛପର।
ଡାଳ୍ ଡାଳ୍ ହୋଇ ପଡ଼ିଥିଲେ ସ୍ୱପ୍ନମାନେ
ସକ୍ ସକ୍ ହେଉଥିଲେ
ବୁଝିବାକୁ ପ୍ରୟାସ କରୁଥିଲେ
ଏ ଦୁର୍ବିପାକର କାରଣ, ଖୋଜୁଥିଲେ

ଦରଦୀ ହାତର ସ୍ପର୍ଶ
ଦରଦୀ ନିଶ୍ୱାସ
ଯିଏ ତରସ୍ ଖାଇବ ତାଙ୍କ ଉପରେ,
ସାଉଁଟି ନେବ ସେମାନଙ୍କୁ
ଗଢ଼ିଦେବ ପୁଣି ଥରେ
ତାଙ୍କ ସୁଖର ସଂସାର।

କାହାକୁ ଭଲ ଲାଗେନା ବଞ୍ଚିବାକୁ ?

ତୁମେ ଆସିଗଲ।
ଆସି ଦେଖିଲ ଏ ବିପତ୍ତି
ଏ ଅବ୍ୟବସ୍ଥା
ନିନ୍ଦିଲ ନିଜ କପାଳକୁ
ଦୋଷିଲ ଉପରବାଲାକୁ,
କ'ଣ ତୁମର ଦୋଷ (?)
କାହିଁ ଗଢ଼ିବାକୁ ଚାହିଁବ
ଆଉ କାହାର ଭଙ୍ଗାଘର।
ପଛକୁ ବୁଲି ଦେଖତ-
ବନ୍ଦ ପଡ଼ିଛି ଫେରିଯିବାର ସବୁ ରାସ୍ତା
ଆଉ ଆଗରେ ମୃତ୍ୟୁ ହସୁଛି
ମୁରୁକି ହସ।

ବୁଝିପାରିଲନି କ'ଣ କରିବ
ଗଢ଼ିବ ନା ଛାଡ଼ିଦବ।
ଚାହିଁଲ ସଜାଡ଼ିବାକୁ-
ଗୋଟେ ଗୋଟେକରି ଗୋଟାଇଲ
ଭଗ୍ନାବଶେଷ, ଏକତ୍ରିତ କରି ଥୋଇଲ
ଘରକରଣାର ସବୁତକ ସରଞ୍ଜାମ,
ଚାଲୁ ହେଲା ପୁନରୁଦ୍ଧାର କାର୍ଯ୍ୟ।

କେତେ ଅଜିବ୍ ଏ ଜୀବନ !
କେତେ ରହସ୍ୟ ଭରିରହିଛି
ତା'ର ସବୁ ଘଟଣାରେ,
ସୁଖରେ ସୁସଜ୍ଜିତ ସୁନ୍ଦର ମହଲର
ଆଶା କରିଥିବା ମଣିଷକୁ
ଭଙ୍ଗାଘର ସଜାଡ଼ିବାକୁ ଦେଇଦିଏ ।

କ'ଣ ହେବ ରୋଗୀର (?)
ଚିକିତ୍ସା ବିଜ୍ଞାନରେ ଜ୍ଞାନ ନଥିବା ବ୍ୟକ୍ତିକୁ
ଚିକିତ୍ସା କରିବାକୁ ଦେଲେ ।

ରୋଗୀ ଭଲ ହୁଏ ସେବାରେ
ଆଶ୍ୱାସନାରେ
ଔଷଧରେ ନୁହେଁ,
ଘର ତିଆରି ଇଟା ବାଲି ପଥରରେ ନୁହେଁ
ହୁଏ ଶ୍ରମରେ
ସରାଗରେ ।

ଆଜି ଏତେବର୍ଷ ପରେ ବି
ବିଶ୍ୱାସର ସେ ଭଙ୍ଗାଘର ସେମିତି ପଡ଼ିଛି,
ତା' ଭଙ୍ଗା କାନ୍ଥର ଖଣ୍ଡେ ବାହୁ
ଏବେବି ଆଶା ନେଇ ଠିଆହୋଇଛି
ସଜଡ଼ା ହେବା ଅପେକ୍ଷାରେ,
ଆଂଶିକ ଭଗ୍ନ ପୁରାପୁରି ନଗ୍ନ,
ଏହା ନୁହେଁକି ତୁମ ପ୍ରଚେଷ୍ଟାର ପ୍ରତୀକ ?

ବୁଝାବଣା

ସବୁ ବୁଝିକରି ଯିଏ ଅବୁଝା ହୁଏ
ତାକୁ ବୁଝାଇବ କିଏ ?
ଚେଇଁ ଶୋଇଥିବା ମଣିଷକୁ
ଉଠାଇବ କିଏ ?

ମୋତେ
ମୋର ଯାହା ଯେତେ
ସବୁକୁ ବୁଝିଛ ବୋଲି କୁହ,
ଅବଶ୍ୟ ବୁଝିଥିବ ତୁମେ ସ୍ୱନିର୍ବାଚିତ ମାନଦଣ୍ଡରେ,
ମୋର କିନ୍ତୁ ମନେହୁଏ ବୁଝାବଣା କରିଛ ତୁମେ
ବୁଝାବଣା ସାଥିରେ ।

ସାଲିସ୍ ନୁହେଁ ତ' ଆଉ କ'ଣ ?
ଅକାରଣରେ କାରଣ ଦେଖିବା
ବିଅର୍ଥରେ ଦ୍ୱିଅର୍ଥ ବାରିବା
ଆଜିର ସବୁ ଘଟଣାରେ
ହେତୁ କାଲିରେ ଖୋଜିବା
କି ବୁଝାବଣା ?

ତୁମେ ପ୍ରଶ୍ନ କର
ଯନ୍ତ୍ରଣାର ବ୍ୟବଧାନରେ, ପରୀକ୍ଷା ନିଅ

ମୋ ଏକାପଣରେ,
ଭିଡ଼ିଆଣି ବୁଣିଦିଅ ମୋତେ ଦାନା-ଦାନା କରି
ମୋ ଅନ୍ତର୍ଦାହ ଉପରେ
ଚାଷୀ ଯେମିତି ବୁଣେ ମୁଗ ବିରି ଆଦି
ଜମିରେ ପାଗ ହେବା ପରେ।
ସତରେ, ବୁଝିହୁଏନା ତୁମ ମନର ପାଣିପାଗ !

ଚାଷୀ ବୁଣେ ସପନ
ଅମଳ କରି ଭରିଦିଏ ଅମାର
ନିଜର ସଂସାରର,
କିନ୍ତୁ ତୁମେ କ'ଣ ପାଅ
କେଉଁ ଭଣ୍ଡାର ପୂରଣ କର ?

ତୁମେ କହୁଥାଅ-
ତୁମେ କାମନା କର ମୋର ଅଗ୍ରଗତି
ପରନ୍ତୁ ପାଦେ ଆଗକୁ ବଢ଼ିବା ମାତ୍ରକେ
ମୋତେ ଦୁଇପାଦ ପଛକୁ ଠେଲିଦିଅ।
କେବଳ ତୁମେ ଜାଣ-
ତୁମେ କ'ଣ କୁହ
କ'ଣ ଚାହଁ।

କିଛି ଲୋକ ଚାଲନ୍ତି ଚାଖଣ୍ଡେ
ହାତେ ମାପିକରି
ଅନେକେ ଜମା ଚାଲନ୍ତି ନାହିଁ
ବହୁତ ମାପିସାରି
କିଛି ପୁଣି ବେଶ୍ ଚାଲିଯାଆନ୍ତି
ମପାମପି ନକରି।
ବୁଝାପଡ଼େନା ସମସ୍ୟା କେଉଁଠି(?)

ମୋର ବେମାପ ଚାଲିବାରେ ନା
ନଚାଲି ପାରିବା ତୁମ ଇଚ୍ଛାରେ।

କ'ଣ ପାଇଁ ଏ କ୍ରୋଧ ?
ଅତୀତ ବର୍ତ୍ତମାନ ଉପରେ ହସୁଛି ନା
ବର୍ତ୍ତମାନ ବିଫଳ ହେଉଛି ଗଢ଼ି ତୋଳିବାରେ
ନିଜ ସ୍ମୃତିର ସୌଧ।

ପ୍ରତିଶୋଧ ନେଇଯାଉନା ଅତୀତ ଉପରେ
ନିଜ ଦେହରେ ନୂଆ ଏକ ଅତୀତକୁ ଜନ୍ମ ଦେଇ,
ତୁମେ ଜୟଲାଭ କରିଛ
ବିଜୟୀ ହେବାର ଉତ୍ସବ ମନାଉନା,
ଆଜି ସବୁକିଛି ଗୋଟାପଣେ ତୁମର
ଗର୍ବ କରୁନା ସେଇଥିରେ,
ନିଜର ଇତିହାସ ନିଜେ ରଚନା କରିଯାଉନା।

ହାତଠାରି ଡାକୁଛନ୍ତି
ମୋ ସ୍ୱପ୍ନମାନେ
ହେଲେ ଆଗକୁ ବଢ଼ିପାରୁନାହିଁ ମୁଁ,
କାହାର ଅଦୃଶ୍ୟ ହାତ ପଛରୁ ଭିଡ଼ି ଧରୁଛି
ଶ୍ୱାସରୁଦ୍ଧ ହୋଇପଡୁଛି ମୁଁ,
କେବେ ଥରେ ନିଜ ନିଃଶ୍ୱାସକୁ କିଛି କ୍ଷଣ ବନ୍ଦ କରି ଦେଖ
ବୁଝିଯିବ- ଛାତି ଭିତରେ ପାଳିଛି କେଉଁ ଯନ୍ତ୍ରଣା।

ଏକା ଅତୀତ
ଏକା ଏକା ବର୍ତ୍ତମାନ
ସବୁଠାରୁ ବେଶୀ ଏକା
ବର୍ତ୍ତମାନର ବର୍ତ୍ତମାନ।

ଭିଜା ଅନ୍ଧାର

ଆଉ କେବେ ଆସିବିନାହିଁ ତୁମ ପାଖକୁ
ମୋ ଆବଶ୍ୟକତାର ଚିଠା ଧରି
କଥା ଦେଉଛି...
କେବେ ନାହିଁ।

କେବଳ ଟିକେ ସମୟ ମାଗୁଛି ତୁମକୁ
ଏତିକି ତ ଦେଇପାରିବ (?)
ଫାଶୀଦଣ୍ଡ ପାଇଥିବା ଦୋଷୀର ବି
ଶେଷ ଇଚ୍ଛା ଶୁଣାଯାଏ
ମୋତେ କ'ଣ ସେତିକି ବି ଅନୁମତି ନାହିଁ ?

ତୁମେ ମାନ କି ନ'ମାନ
କୋଉଠି ନା କୋଉଠି ତୁମେ ମାନି ନେଇଛ ଯେ-
ମୁଁ ଦୋଷୀ। ଭୋଗିବାକୁ ଦିଅ ଦୋଷୀକୁ
ତା' ଦୋଷର ଦଣ୍ଡ
ଚାଖିବାକୁ ଦିଅ ତାକୁ
ତା' କର୍ମର ଫଳ।

ହସିହସିକରି ସହିଛନ୍ତି ଦଣ୍ଡ
ଅସଂଖ୍ୟ ନିର୍ଦ୍ଦୋଷଜନ

ସସମ୍ମାନେ ଗ୍ରହଣ କରିଛନ୍ତି
ସମୟର ନିଷ୍ପତ୍ତି,
ମାନିନେଇଛନ୍ତି ନ୍ୟାୟାଧୀଶଙ୍କ ରାୟ।

କେବେ ଶୁଣିଛ କାହାକୁ
ଅନ୍ଧାରର ପ୍ରସଂଶା କରିବାର ?
'ନା' ନା, କେବେ ଶୁଣିବନି ।
କିଏ କିଏ ବୋଲିକରି ଯାଇଛନ୍ତି
ଅନ୍ଧାର ମୁହଁରେ କଳା
ତା'ର ହିସାବ ନାହିଁ,
ସେ ବି ରଖେନାହିଁ ହିସାବ
ରଖି ଲାଭ କ'ଣ (?)
ସୃଷ୍ଟିକର୍ତ୍ତା ଯେତେବେଳେ ବାଛିଛନ୍ତି 'କଳା'
ତା' ଦେହର ରଙ୍ଗ ପାଇଁ,
କାହାକୁ କିଛି କହି କି ଲାଭ।
ସେ ସହିଚାଲେ
ଗାଲ ପିଠି ଦେଖାଇଦିଏ
ତାକୁ ପିଟୁଥିବା ହାତକୁ।

ଅନ୍ଧକାର ଅପେକ୍ଷା କରେ ରାତିକୁ
ଏକା ସେ ହିଁ ବୁଝିଛି ତାକୁ।
ରାତି ଆସେ
ଶୁଣେ ଅନ୍ଧାରକୁ
ଭିଜିଯାଏ ତା' ଛାତି ଅନ୍ଧାରର ଲୁହରେ
ସେ କିଛି କହିବା କରିବା ଆଗରୁ
ରାତି ପାହିଯାଏ।

ଟିକେତ ସମୟ ଦିଅ
ମୁଁ କଥା ଦେଉଛି-
କେବେ ଡେଇଁବିନାହିଁ
ତୁମ ଦୁଆର ବନ୍ଧ
ମୋ ଆବଶ୍ୟକତାର ଚିଠା ଧରି।

■

ଅସହାୟତା

ମୁଁ ଜାଣେ-
ମୁଁ ହୋଇପାରିବିନି କେବେ
ତୁମ ହସର ଉଦ୍ଦୀପକ,
ଏକଥା ବି ଜାଣେ-
ଜନ୍ମ ଜନ୍ମାନ୍ତର ଯାଏଁ ମୁଁ ହିଁ ରହିଥିବି
ତୁମ ଲୁହର କାରଣ ହୋଇ।

ତୁମେ ହସ ତୁମ ଇଚ୍ଛାରେ
କାନ୍ଦ ବି' ନିଜ ମର୍ଜିରେ
ଇଚ୍ଛା ନାହିଁ ତୁମର
ଉତ୍ତର ଦେବାରେ
ପ୍ରଶ୍ନ କରିବାରେ।

ସବୁ ଜାଣିକରି ବି ମୁଁ ଚୁପ୍,
ଜାଣ କାହିଁକି ?

ଛାତିର ଜିନିଷ ଏବେ ପେଟରେ ବାଜୁଛି
ଅଣ୍ଟିର କଥା ଆଣ୍ଠୁ ଆଡ଼େ ମୁହାଁଉଛି,
ମାଂସ ଥିଲା ବୋଲି ହାଡ଼ରେ ଜୀବନ ଥିଲା
ମାଂସର ଆବରଣ ତଳେ ହାଡ଼ ଲୁଚାଇଥିଲା
ନିଜର ନଗ୍ନ ଅସୁନ୍ଦରପଣ।

ଏବେବି ଅଛି ହାଡ଼
ଅଛି ମାଂସ
ଦିହେଁ ଯେ ଯାହା ବାଟରେ ଅଛନ୍ତି
ଆବଶ୍ୟକତା ଅସହାୟତାରେ ଅଛି।

ଖଣ୍ଡ ଖଣ୍ଡ ହୋଇ ଖସି ପଡୁଛି ନିରବତା
ଅସ୍ଥିର କରିପକାଉଛି ଆକୁଳ ଅସହାୟତା,
ବଣୁଆ ମାଂସାଶୀ ପଶୁଟେ ପରି ଭିଣି ପକାଉଛି
ମୋ ନିରୀହ ନରମ ହୃଦୟକୁ
ଏ ଦିଗୁ ସେ ଦିଗୁ ବାହିବୁଣି ପକାଉଛି,
ମୋ ସହ ଯାହା ହେଉଛି ମୁଁ ଜାଣୁଛି
ମୁଁ ଭୋଗୁଛି
ମନେହେଉଛି, ସଫେଇ ଦେବା ଆଉ ମୌନ ରହିବାରେ
କିଛି ଫରକ ନାହିଁ।

ନେଡ଼ିଗୁଡ଼ ଏଣିକି କହୁଣି ମୁନରେ !

■

ପାଳ ଦଉଡ଼ି

ଯାହା ପୁଅକୁ ସାପ କାମୁଡ଼ିଥାଏ
ସେ ପାଳ ଦଉଡ଼ି ଦେଖିଲେ ଡରେ।

ବାସ୍ତବତା
କଠୋର ଓ ନିଷ୍ଠୁର
ନାହିଁ ତା'ର ଅନ୍ୟ ପରିଚୟ,
କଳ୍ପନା କିନ୍ତୁ ମୁକ୍ତ ଅକାଶର ବିହଙ୍ଗ
ଆଦି ଅନ୍ତ ନାହିଁ ତା' ସାମ୍ରାଜ୍ୟର,
ସେ ଉଡ଼ିଯାଏ ଯୁଆଡ଼େ ଇଚ୍ଛା
ଯେତେ ଇଚ୍ଛା।

ରୋଗର ଘର ରୋଗୀ ମନରେ।
ରୋଗୀ ଯଦି ଚାହିଁବ
ରୋଗ ଭଲହେବ
ଡାକ୍ତର ତ କେବଳ ଏକ ମାଧ୍ୟମ,
କିଛି ନହେଲେ ନାହିଁ
ଯନ୍ତ୍ରଣା ନିଶ୍ଚେ ଲାଘବ ହେବ,
ସ୍ୱଳ୍ପ ସମୟ ପାଇଁ ହେଲେ ହେଉପଛେ
ରୋଗକୁ ଡରାଇ ବଞ୍ଚି ହେବ।

ଘଟଣା ଘଟିବା ଆଗରୁ ବାସ୍ତବରେ
କଳ୍ପନା ଘଟାଇଦିଏ ଘଟଣା
ଭିତରେ ଭିତରେ,
କ'ଣ ହେବ ପରିଣତି
କେଉଁ ପରିସ୍ଥିତି ଆସି ଠିଆହେବ
ତାକୁ ସବୁ ଜଣା ।

ହାରିବା ମଣିଷ ଅଧା ହାରି ସାରିଥାଏ
ଲଢ଼ିବା ଆଗରୁ
ଜିତିବା ଲୋକ ଜିତେ
ଦୃଢ଼ ମନୋବଳରୁ ।

ଯିଏ ଚୋଟ ଖାଇଛି
ସହିଛି ଚୋଟର କଷ୍ଟ
ତା'ର ଡରିବା ସ୍ୱାଭାବିକ
ତେବେ, ଥରେ ଅନ୍ଧାରରେ ଝୁଣ୍ଟିବାର ଅର୍ଥ ନୁହଁ
ରାତିକୁ ଡରିଡ଼ରି ବଞ୍ଚିବା ।
ଚୋଟକୁ ଡରିଡ଼ରି ବଞ୍ଚିବା କି ବଞ୍ଚିବା ?
ଯେଉଁଠି ଯେଉଁଠି ଧୂଆଁଳିଆ ଦିଶୁଛି
ସେଇଠି ସେଇଠି ନିଆଁ ଅଛି
ଏ ଭାବନା ବି କଳ୍ପନାର ଦାନ ।

ସୁଖ ନାହିଁ ଶ୍ରୀମତୀମାନଙ୍କର
ଶ୍ରୀମତୀ ହେବାରେ
ତାଙ୍କ ସବୁତକ ଦୁଃଖର ଚେର ଲାଗିଥାଏ
ରାଧାଙ୍କ ସୁଖ ଜୀବନ କଳ୍ପନା କରିବାରେ ।
କଳ୍ପନା ହିଁ ତ କାଳ
ସବୁ ଅନର୍ଥର ମୂଳ ।

ଚରିତ୍ରବାନ ଲୋକଗୁଡ଼ାକୁ ଲାଗେ
ଚରିତ୍ରହୀନ ହେବା ସହଜ !

କ୍ଷତକୁ ଉଖୁରାଇ ଉଖୁରାଇ
ତାଜା କରିବା ଓ
ତାଜା ତାଜା ଯନ୍ତ୍ରଣାରେ
ଛଟପଟ ହୋଇ କାନ୍ଦିବା
କିଛିଙ୍କ ଅଭ୍ୟାସ ।

ବାସ୍ତବତାକୁ କଳ୍ପନା ନୁହଁ
ବାସ୍ତବ ଚକ୍ଷୁରେ ଦେଖି ଜାଣିଲେ
ଫିଟିଯାଏ ରାସ୍ତା, ମନ ଚାହିଁଲେ
ମିଳିଯାଏ ସମାଧାନ ।

ମନ ଜାଣେ-
ତା' ଦୁଃଖର କାରଣ
ସେ ନିଜେ ।

ଚିତ୍ରକର

ଝାପ୍ସା ମନେଥିବା ସ୍ମୃତିମାନଙ୍କ ରୂପରେ
ରଙ୍ଗ ବୋଳୁଥିଲି, ଏବେ ଏବେ
ତୁମକୁ ସାଉଁଟୁ ଥିଲି,
ଆଙ୍କୁଥିଲି ତୁମକୁ।

ଅବିସ୍ମରଣରୁ ତୁମକୁ ଓ ନିଜକୁ
ବଞ୍ଚାଇବାର ଶେଷ ପ୍ରୟାସ!

କେଉଁ ଅଙ୍ଗର କେଉଁ ଭାଗରେ
କେଉଁ ରଙ୍ଗର କେତେ ଭାଗ ବୋଳିଲେ
ତୁମେ ତୁମେ ହୋଇଯିବ,
କେଉଁ ଭାବକୁ କିଭାବରେ
ଭାଷା ବିନ୍ୟାସ ଦେଲେ
ତୁମ ସ୍ମୃତିକୁ ଆକୃତି ମିଳିଯିବ,
ସବୁ ଭାଗ ମାପ ଭାବ ଭଙ୍ଗୀ
ମୋତେ ଜଣା।

ନିଜର ବୋଲି ଭାବି
ମାଗି ଆଣିଲି ତୁଳୀଟେ
ସହଧର୍ମିଣୀଙ୍କଠୁ,
ମାତିଗଲି ତୁମ ପୂଜାରେ

ରୂପଚର୍ଯ୍ୟାରେ,
ଆଙ୍କିବସିଲି ତୁମ ସୁକ୍ଷ୍ମ ସୁଠାମ
ସୁଷମାର ପରିସୀମା।

କଥା ଆସି ଅଟକି ରହିଲା
ତିନି କୋଣିଆ ଜୀବନର
ଦୋଛକିରେ, ଅଟକିଗଲା ତୁଳୀ
ରୋକ୍ ଠୋକ୍ ମନା କରିଦେଲା
ଅତୀତ ପିଣ୍ଡରେ ପ୍ରାଣ ଭରିବାକୁ।

ମନାଇଲି ବୁଝାଇଲି
ରାଣ ଦେଇ କହିଲି ବୁଝିବାକୁ
ଗଲା ଜୀବନର ମଲା ସ୍ୱପ୍ନକୁ,
ରୁଷିଗଲା ତୁଳୀ
ମାନ ଅଭିମାନରେ ଫୁଲେଇ ହେଲା
ଅତୀତ ଦେହରେ କଳା ବୋଳିଦେଇ
ଆଉ ସବୁ ରଙ୍ଗ ନିଜେ ମାଖିନେଲା।

କି ବିଡ଼ମ୍ବନା !
କବିଙ୍କୁ ପ୍ରେମ କବିତା ଲେଖିବା ମନା।

ଅତୀତ ବର୍ତ୍ତମାନ ପାଖରେ ହାରେ
ପତ୍ନୀର ତୂଳୀରେ ପ୍ରେୟସୀକୁ ଆଙ୍କିଲେ
ଚିତ୍ରକର ମରେ ।

ଅଥଳ ଜଳ

ତୁମେ ଆସିଲ ଜୀବନେ
ଯେମିତି ଆସେ ଆମ୍ବ ବଉଳ
ଅସୁମାରୀ ଖଟା ମିଠା ସମ୍ଭାବନା ନେଇ
ଶୀତ ଯାଉ ଯାଉ ।
ନୂତନତ୍ୱର ମହକରେ ଭରିଗଲା ଜୀବନ
ପାଣିପବନରେ ଅବୋଧ ପାଗଳାମି
ସବୁ ଋତୁ ଲାଗିଲା ବସନ୍ତ ଭଳି,
ନୂଆକରି ଉଡ଼ି ଶିଖୁଥିବା ବିହଙ୍ଗ ପରି
ଇଚ୍ଛାହେଲା ବୁଲି ଦେଖିବାକୁ
ସାରା ଆକାଶ ଏକା ଦିନକେ ।
ସବୁ ଘଟଣା ପ୍ରଥମ ଘଟଣା,
ସବୁ ଅନୁଭୂତି ଅଭୂତପୂର୍ବ !

ଦେଇଦେଲି ତୁମକୁ
ଯେତେ ଯାହା ଥିଲା ମୋର-
ମୋ ଦେହ ମନ
ସ୍ୱପ୍ନ ସ୍ୱର୍ଗ
ସବୁକିଛି
ତୁମ ଇଚ୍ଛାରେ ।

କେତେ କ'ଣ ଭାବିଥିଲି
ହେଲେ..... !

ଖାଇଗଲ ମୋତେ
ଯେତେ ପ୍ରକାର ଖିଆଯାଏ
ଖାଇ ଖାଇ ଖୋଳପାଟେ କରି
ଖାଲିପଣସବୁ ଭରିଦେଲ।
ବଞ୍ଚାଇ ପାରିଥାନ୍ତ ମୋତେ
କିନ୍ତୁ ମାରିବାକୁ ଚାହିଁଲ ତୁମେ।

ଚମତ୍କାର ସେ ଖେଳ ଥିଲା (!)
ଆଶା ଓ ପ୍ରତ୍ୟାଶାର
ତୁମେ ଜିଉଁଛ ଜୀବନ ପୂର୍ଣ୍ଣତାର
ମୁଁ ଖୋଜିବୁଲେ ମୋ ବଞ୍ଚିବାର ଆଧାର।

ଅଧାରୁ ସରିଛି ନୌକା ବିହାର
ନିର୍ଦ୍ଦୋଷ ବହୁଛି ଦୋଷୀର ଭାର
ପ୍ରଣୟ ମରିଛି ଅଥଳ ଜଳରେ ବୁଡ଼ି
ଆଖିର ଲୁହ ଅମାନିଆ...

■

ଆକର୍ଷଣ

ପ୍ରତ୍ୟେକ ଥର ଲାଗିପଡ଼େ
ବଳ ଲଗାଇଦିଏ
ଜିତିବାର ଆଶା ନେଇ
ଆଉ ସବୁଥର ମୁଁ ହାରେ
ମୁଁ ହିଁ ହାରେ ।

ମୁଁ ଟାଣିହୋଇ ଆସେ ତୁମ ନିକଟକୁ
ବିନା ଆମନ୍ତ୍ରଣରେ
ଯେମିତି କୀଟପତଙ୍ଗ ବେଗି ଆସନ୍ତି ଉତ୍ସାହରେ
ମରିବାକୁ
ସଞ୍ଜ ଆଲୁଅ ସହ ଖେଳି ଖେଳି;
ଯେମିତି ମାଛ ଉଠିଆସେ ସ୍ଥଳଭାଗକୁ
ମେଘଦିନିଆ ବର୍ଷାଜଳରେ ଖେଳି ଖେଳି
ଧରାଦେବାକୁ
ମରାହେବାକୁ
ଖିଆହେବାକୁ ।

କିଛି କିଛି କାର୍ଯ୍ୟର ପରିଣତି ପୂର୍ବ ନିର୍ଦ୍ଧାରିତ (!)
ଏଣୁ ତୁମେ ସବୁବେଳେ ଜିତିଆସିଛ,
ତଥାପି କାହିଁ ଏତେ ଦୁଃଖୀ ତୁମେ
କ'ଣ ତୁମର ଅବଶୋଷ,

ନିଜର ବିଜୟ ଯାତ୍ରା ହଜମ ହେଉନାହିଁ
ନା ମୋର ପରାଜୟ ଦେଖିହେଉନାହିଁ ?

ଜାଣେନା- ତୁମେ କେଉଁ ଉଦ୍ଦେଶ୍ୟ ନେଇ ଖେଳୁଛ
ପ୍ରତିଦ୍ୱନ୍ଦିତା କରୁଛ
ମୁଁ କିନ୍ତୁ ଖେଳୁଛି ତୁମକୁ ଜିତାଇବା ପାଇଁ
ଖୁସି ପରସିଦେବା ପାଇଁ ।

ସତରେ, ତୁମେ କେଡ଼େ ସୌଭାଗ୍ୟବତୀ !
ହାରିହାରିକରି ଜିତାଉଥିବା
ମରିମରିକରି ବଞ୍ଚାଉଥିବା ମଣିଷ
ଖୁବ୍ କମ୍ ଲୋକଙ୍କ ଜୀବନରେ ଆସନ୍ତି ।

ପଣବନ୍ଦୀ

ପ୍ରତିଜ୍ଞା ଏବେ ପଣବନ୍ଦୀ
ସମୟ ନିକଟରେ
ପ୍ରତିଶ୍ରୁତିସବୁ ଆତ୍ମସମର୍ପଣ କରିଛନ୍ତି
ପରିସ୍ଥିତି ପାଖରେ
ହୃଦୟ ସାଜିଛି ବାରଙ୍ଗନାର ଅଗଣା ।

ଦୂର ରାଇଜର ଦମ୍ଭ
କେବେ ପାଖରେ
କେବେ କେତେବେଳେ
ଉପରେ ପଡ଼ି ହାରେ,
ମରିଯାଏ ସତ ସମ୍ଭାବନା
ଅସମ୍ଭବ ଭାବନା
ହୋଇଯାଏ ଚୁନା ଚୁନା
ଧୂଳିଝଡ଼ର ଧୂଳିଦାନା ପରି ।

ଲୁହ ଝରେ...
ଝୁରେ ନିଜ ଦେହର ଉଷ୍ଣତା
ହସରେ ନାହିଁ ଉଲ୍ଲାସ
ତଥାପି ହସୁଥାଏ ହସ !

ସ୍ୱାଧୀନତା ବାନ୍ଧିଦେଲା
ପବନକୁ
ବଦଳାଇଦେଲା
ତା' ଗତିପଥ,
ଆଉ ବସନ୍ତରେ ନାହିଁ
ବାସ କି ଗନ୍ଧ
ନାହିଁ ସେ ମାଦକତା ।

ନା ସକାଳରେ ଆଲୋକ ଅଛି !
ନା ଆଲୋକରେ ରାତି ପାହୁଛି !

ଦୁଇଧାର ଲୁହ
ଧୋଇଦେଲା ଅସ୍ତିତ୍ୱ
ଟୋପାଏ ସିନ୍ଦୂରର ।

ବିଷୁବ ରେଖା

ଭଙ୍ଗା ମନରେ
ତୁ ହିଁ ଜାଣୁ ତୋ' ମନ ତଳର ବ୍ୟଥା !

ଚିହ୍ନିଚୁ ତୁ-
ତାଙ୍କୁ
ଯାଙ୍କୁ
ନିଜକୁ ।

ସେ ଆସିଲେ
ସଜାଇଲେ
ଭିଜାଇଲେ
ତା'ପରେ ଫେରିଗଲେ ।

ଯାଙ୍କର ଆସିବା
ସଜେଇହେବା
ଭିଜିଯିବା
ତା'ପରେ ଯିବାକୁ ବାହାରିବା...

ତାଙ୍କର ପାଇକରି ଛାଡ଼ିବା
ଯାଙ୍କର ଛାଡ଼ିକରି ପାଇବା
ସବୁର ମୂକସାକ୍ଷୀ ତୁ,

ବିଷ ପିଇ-ପିଇ ପଡ଼ିରହିବା
ବିଷୁବ ରେଖାର ଭାଗ୍ୟରେ ଲେଖା।

ମନରେ, ତୁ ହିଁ ଜାଣୁ
ବିଭାଜିତ ଜୀବନର ଅଖଣ୍ଡ ଦୁଃଖ !

ହେତୁ

ହଜିଗଲା-
ଯାହା ସବୁଠାରୁ ମୂଲ୍ୟବାନ୍ ଥିଲା ।

ଜହ୍ନର ଶୀତଳ ଜୋଛନା ହିଁ
ରାତି ଆକାଶର ଶୋଭା ।
ଜହ୍ନକୁ ଗିଳିଦେବା ପରେ
କଳାମେଘ
କେତେ ତାରା ଅଛନ୍ତି
କେତେ ଝଡ଼ିପଡ଼ିଛନ୍ତି ବାଡ଼େଇ ହୋଇ
ମେଘ ଦେହରେ
କ'ଣ ମିଳିବ ସେ ହିସାବରୁ !

ହାଏ ସେ ଅକାଳ ବିୟୋଗ (!)
କିଏ ଜାଣିଥିଲା ନେଇ ଆସିବ
ଏତେ ଏତେ ନୂଆ ସୃଷ୍ଟି ।

ସେ ଲୋକ ପଠାଇଥିଲେ
ଛଡ଼ାଇନେବାକୁ ତାଙ୍କୁ
ତାଙ୍କ ପାଖରୁ,
ସେମାନେ ଆସିଥିଲେ ତାଙ୍କ ନିର୍ଦ୍ଦେଶରେ

ସୁତରାଂ, ସେମାନଙ୍କର ସଫଳ ହେବା
ପାରଙ୍ଗମ ପ୍ରମାଣିତ ହେବା
ସୁନିଶ୍ଚିତ ଥିଲା ।

ଚୌଧୁରୀବାବୁଙ୍କ ଏକମାତ୍ର ସନ୍ତାନ ଚକାଡ଼ୋଳାକୁ
ନେଇଗଲେ ଚକାଡ଼ୋଳା ସେପାରିକୁ
ଦରଫୁଟା ବୟସରେ,
ତା'ପରେ ଗଲା ତାଙ୍କ ବାମ ଚକ୍ଷୁର ଡୋଳା
ପରେ ପରେ ଦକ୍ଷିଣ ଡୋଳା,
ଧୀରେ ଧୀରେ ଚଳୁ ହେବାକୁ ଲାଗିଲା
ଅନ୍ୟାନ୍ୟ ଅଙ୍ଗ ପ୍ରତ୍ୟଙ୍ଗ ।
ଆଘାତ ଆସି ଚାଲିଯାଏ ତା' ବାଟରେ
କ୍ରମାନ୍ୱୟରେ
କିଛି ଫରକ୍ ପଡ଼େନା ତାଙ୍କୁ
ଯେମିତି ଥରେ ଶବ ପାଲଟିଗଲେ
ଆଉ ମରିବାର ସୁଯୋଗ ନଥାଏ ।

ସିଧା ଠିଆହୋଇଛି ବିଷର୍ଣ୍ଣତା
ଯେମିତି ଉପତ୍ୟକା ଅଞ୍ଚଳରେ ପୁରୁଣା ଦେବଦାରୁ ।
ବିଫଳତାର ମଞ୍ଜି ପୋତା ହୋଇଥିଲା
ଏକ ଯୁଗ ଆଗରୁ
ସେ ଗଛରେ ଏବେ ଫୁଲ ଫୁଟୁଛି
ପେନ୍ଥା ପେନ୍ଥା ବିଷାଦର ମଧୁର ଫଳ ଫଳୁଛି ।

ଏବେ ଯନ୍ତ୍ରଣା ଅତି ଆପଣାର
ବଞ୍ଚିବା ସହଜ !

ଝରାଫୁଲ

ମନେ ପଡ଼ିବ ମାଳିର ଯତ୍ନ
ମାଳିର ଦାନ
ପୂଜାଫୁଲ ପୂଜାରେ ଲାଗିବା କ୍ଷଣଠୁ
ମଉଳିବା ମରିବା
ବାସି ହେବା ପର୍ଯ୍ୟନ୍ତ,
ଖୋଜିବସିବ ଖୋଲା ଆକାଶର ନେଳି
ମୁକ୍ତ ପବନର ଖୋଲା ସ୍ପର୍ଶ
ଅତିକ୍ରାନ୍ତ ବସନ୍ତର ସଂକ୍ଷିପ୍ତ ଜୀବନ।

ଖୁବ୍ ଝୁରିବ ଝରାଫୁଲ -
ତା' ସୁବାସିତ ସପନ
ଫୁଟନ୍ତା ଯୌବନ
ଝୁରି ଝୁରି ମରିବ-
ତା' ସୁଖର ଦିନମାନ
ଦୁଃଖର ସୀମାନ୍ତ ପ୍ରାନ୍ତରେ ପହଁଚି।

କେଉଁଠି ଅଟକି ରହେ ଜୀବନ,
ନିତି ହାରୁଥିବା ଯୁଦ୍ଧରେ
ନା ଜିତି ହାରିଥିବା ଯୁଦ୍ଧରେ ?

ନୂଆ ସୂର୍ଯ୍ୟ ଉଇଁଲା ବେଳକୁ
ଗଙ୍ଗଶିଉଳି ଆଉ ଗଛର ହୋଇ ନଥିବ,
ସେ ଲଟୁଥିବ ଭୂଇଁରେ
ତା' ଠାକୁରଙ୍କ ପ୍ରେମରେ।

ଲୁହ

ଘେରିଗଲେ ଦେବୀଙ୍କୁ
ସବୁଦିଗରୁ
ବହୁରୂପୀ ଦାନବମାନେ,
ତାଙ୍କୁ ନିରସ୍ତ୍ର ଦେଖି
ଆକ୍ରମଣ କରିଦେଲେ ତାଙ୍କ ଉପରେ,
ଜୋର୍ ଜବରଦସ୍ତି ପୋଛିଦେଲେ
ତାଙ୍କ ଗୋରା ତକ୍ ତକ୍ ସିନ୍ଥିରୁ
ଟହ ଟହ ଲାଲ୍ ସିନ୍ଦୂର ।

କାନ୍ଦିଲେ ମା' ଠାକୁରାଣୀ
ବାହୁନି ବାହୁନି
ଛୋଟ ପିଲାଙ୍କ ପରି
ନିଜ ନିରୁପାୟ ଅସହାୟପଣକୁ ଭିଡ଼ି ଧରି ।
କାନ୍ଦି ଚାଲିଲେ ଦିନ ମାସ ବର୍ଷ ବର୍ଷ
ନିଜ ସଧବା ଦିନ ମାନଙ୍କର
ସଜଳ ସ୍ମୃତିକୁ ସାଉଁଟିକରି ।

ସେ କେବେ କରିନଥିଲେ କାହାର ଅନିଷ୍ଟ
ଦେବତା ତ' ଦେବତା
ଅସୁରମାନଙ୍କର ବି ଅମଙ୍ଗଳ ମନାସି ନଥିଲେ ।
"ତେବେ କାହିଁ ଏ ଦୁର୍ଯୋଗ"-

ଭାବନ୍ତି ବସି ମା' ପ୍ରଶାନ୍ତି,
ସମୟ ସମୟରେ ଛୁଟିଯାଏ
ଦୁଃଖ ଦରିଆରୁ ଲୁଣି ପାଣିର ସୁଅ,
କାନ୍ଦିବାର ଆଉ କୌଣସି ନିର୍ଦ୍ଦିଷ୍ଟ ସମୟ ନାହିଁ।

ଆକ୍ତାମାକ୍ତା କରିପକାଏ ଦେବୀଙ୍କୁ
ସମୟର ସେଇ ମୁହୂର୍ତ୍ତ
ଯେତେବେଳେ ଛଡ଼ାଇ ନିଆଯାଇଥିଲା ତାଙ୍କଠୁ
ତାଙ୍କ ସ୍ୱର୍ଗ,
ସର୍ବହରା ହୋଇଯାଇଥିଲେ ସେ।
ଅସରନ୍ତି କୋହର ଜୁଆର ମାଡ଼ିଆସେ
ଝରିପଡ଼େ ଲୁହ
ଅବାଧ
ଅବାଧ।

ପରିଶେଷରେ
ସେ ଦୀର୍ଘ ନିଶ୍ୱାସ !

ତତଲା ନିଶ୍ୱାସ ପଡ଼ିଗଲା ଦୀପ୍ତିରାଣୀଙ୍କର।
ମା' ନିଜେ ଜାଣିନଥିଲେ
ତାଙ୍କର ଜାହିରା କେତେ
କେତେ ଅଜସ୍ର ହୋଇପାରେ
ତାଙ୍କ ଆକ୍ରୋଶର ପରିଣତି,
ତାଙ୍କୁ ଜଣାନଥିଲା ଯେ
ସେ ହିଁ ଶକ୍ତି ସ୍ୱରୂପିଣୀ
ଅପରାଜିତା ସେ।

ଭାସିଗଲେ ସବୁ ଜଣ ଜଣ କରି
ତାଙ୍କ ଲୁହର ବଢ଼ିପାଣିରେ।

ସବୁ ଖେଳ କ'ଣ ଭାଗ୍ୟର (?)
କର୍ମର ଫଳ ତ ଭୋଗିବାକୁ ହୁଏ (!)
ବୁଝିବା ଲୋକ ବୁଝିପାରେ
ନବୁଝିଲାବାଲା ଭାଗ୍ୟକୁ ନିନ୍ଦି ନିନ୍ଦି ମରେ।

ଲୁହ ପଡ଼ିଗଲା ଆଦିସତୀଙ୍କର।
ବିନା ଅସ୍ତ୍ରରେ ବିନାଶ ହେଲେ ପାପୀ
ଟଳି ପଡ଼ିଲେ ଦାନବ ଦଳ ନର୍କ ଯନ୍ତ୍ରଣା ଭୋଗି ଭୋଗି,
ଦେବୀଙ୍କ ଚରିତ୍ର ସଂହାରକାରୀକୁ
ମଶାଣିରେ ବି ମିଳିଲାନି ଜାଗା,
କେହି ଜଣେ ହେଲେ ବର୍ତ୍ତିପାରିଲେନି।

■

ମିଳନ

ବିଜୁଳିର ତୁହାକୁ ତୁହା ଚେତାବନୀ
ଘଡ଼ଘଡ଼ିର ଘଡ଼ିକି ଘଡ଼ି ଗର୍ଜନ
ପବନର ଅବିଶ୍ରାନ୍ତ ରଣ ହୁଙ୍କାର
ଛଡ଼ାଇ ନେଲା ମେଘଠୁ
ତା' ସ୍ୱାଧିକାର ।

ଆତଙ୍କିତ ମେଘ ମହ୍ଲାର
ଆପଣେଇ ନେଲା ମୌନବ୍ରତ ।

ଆକାଶର ବର୍ଷା ଉପରେ ପଡିଆରା
ସ୍ୱାଭାବିକ,
ବିଜୁଳି ଘଡ଼ଘଡ଼ି ପବନର ନାଲିଆଖି
ଅଭ୍ୟାସଗତ,
ସବୁ ତୁମ୍ବି ତୋଫାନ୍ ସତ୍ତ୍ୱେ
ମେଘମାଳାର ମାଟି ସହ ମିଳନର ମୁହୂର୍ତ୍ତ
ଅବଶ୍ୟମ୍ଭାବୀ ।

ବଦଳିଗଲା ପାଗ
ଲମ୍ବା ପ୍ରତୀକ୍ଷାର ଅନ୍ତ ଘଟିଲା,
ଖୋଲା ଆକାଶର ବିସ୍ତୀର୍ଣ୍ଣ ଅଞ୍ଚଳ

କମ୍ ପଡ଼ିଗଲା କଳାହାଣ୍ଡିଆ ମେଘ ଆଗରେ,
ଅବାଧ ବହିଗଲା ବର୍ଷାଜଳ
କାନ୍ଦି କାନ୍ଦି ଧୋଇଦେଲା ମେଘ
ବର୍ଷି ପାରିନଥିବାର ସବୁତକ ଦୁଃଖ ।

ଆଜିର ଦିଗବଳୟ ସବୁଜମୟ
ଭିଜା ମାଟିର ବାସ୍ନା ବିଚ୍ଛୁରିତ ।

ପୁନରାବୃତ୍ତି

ଏ ଆବୃତ୍ତି
ଏତେ ଏତେ ପୁନରାବୃତ୍ତି
ଆଗକୁ ଥିବ ଜାଣିଥିଲେ
କେବେ ଲୁହ ଝରାଇ ନଥାନ୍ତି ସେଦିନର ଘଟଣାରେ,
ଶବ୍ଦ ପାଟିରେ ଲାଗିବା
ତାଳ ଲୟ ବାଟବଣା ହେବାରେ
ଆଦୌ ବିଚଳିତ ହୋଇନଥାନ୍ତି।

ଭାଙ୍ଗିଯିବାର ଭାବନା
ନେଇଆସେ ଆକସ୍ମିକ ଯନ୍ତ୍ରଣା
ସମୟ ନଥାଏ ଭାବିବାକୁ
ଘଟଣା ପଛର ଓ ଘଟଣା ଆଗର ଘଟଣା,
କେହି ଦେଖିନାହିଁ ସମ୍ଭାବନାର ମୁହଁ
ବାଜି ହାରୁଥିବା ବେଳେ
ସ୍ୱପ୍ନସବୁ ମରୁଥିବା ବେଳେ।

କେଉଁଠୁ ଗଢ଼ିଲେ
କେତେବେଳେ ଭାଙ୍ଗିଦେଲେ
କେଉଁ କଥାକୁ କାହାସହ ଯୋଡ଼ିଲେ
ଦୁର୍ଘଟଣା ହୋଇଯିବ ସାଧାରଣ ଘଟଣା
ଯାତ୍ରା ହୋଇଯିବ ମହାଯାତ୍ରା–

ଜଣାଥିଲା ସମୟକୁ ।

ପ୍ରସ୍ତୁତି ଦୋଷ ଦିଏ ପାଦକୁ
ପାଦ କଣ୍ଟାକୁ
କଣ୍ଟା କଣ୍ଟାଗଛକୁ,
ଆରୋପ ପ୍ରତ୍ୟାରୋପ ବ୍ୟତିରେକେ
କ'ଣ ବା ଅଛି ମଣିଷ ହାତରେ ।

ପୂର୍ଣ୍ଣଚ୍ଛେଦ ପରେ ଏତେସବୁ କମା ଆସିପାରେ
ତା'ର କଳନା କିଏ କରିଥିଲା,
କିଏ କହିପାରିବ କ'ଣ ଥିବ
ଏତେ ଏତେ କମା ପରେ ?

କେଉଁ ରାସ୍ତା କେତେଦୂର ଯାଇ ସରିବ
ମଝିରେ ମଝିରେ କେତେ ମୋଡ଼ ଆସିବ
ରାସ୍ତା ସେମୁଣ୍ଡରେ କ'ଣ ଥିବ
କହିହେବ ନାହିଁ ଯାତ୍ରା ନସରିବା ଯାଏଁ,
କଥା ଏ ବି ସତ
ଶେଷ ପରର ଆରମ୍ଭରେ
କେବେ ଆସିନଥାଏ ଶେଷ ।

କଷ୍ଟ କୃଷ୍ଣଙ୍କର

ତୁମେ ଛଳିଆ ଦଗାଦିଆ
ତୁମେ ପ୍ରତାରକ ପଳାତକ
ବୁଝିବ କେମିତି ତୁମେ
ଯନ୍ତ୍ରଣାର ଯାତନା
କେମିତି ଜାଣିବ ଯେ
ଲୁହ ସିନା ଝରେ ଆଖିରୁ
ତା'ର ଉତ୍ପତ୍ତିସ୍ଥଳ କିନ୍ତୁ
ହୃଦୟର ଗଭୀରତମ ପ୍ରଦେଶରୁ ।

ନିଜେ କେବେ କାନ୍ଦିଥିଲେ ଜାଣିଥାନ୍ତ
ଲୁହରେ ଉଷ୍ଣତା ଆସେ କୋଉଠୁ
କେଉଁ ଅବ୍ୟକ୍ତ ଝଡ଼ ଥରାଇଦିଏ ଓଠ
ଚଳୁ କରିଦିଏ ଅଙ୍ଗ ପ୍ରତ୍ୟଙ୍ଗ ।

କଂସରାଜା କାଳେ ଜାଣିଦେବ ବୋଲି
କାନ୍ଦିନଥିଲ ତୁମେ
ଜନ୍ମହେବା ପରେ,
ବଦଳାଇ ଦେଇଥିଲ ପ୍ରକୃତିର ନିୟମ,
ଆଖିର କ୍ରନ୍ଦନ ପାଲଟିଥିଲା
ତୁମ ଆଦେଶର ଦାସ ।

ଅନ୍ତ ଚିରି ଜନ୍ମ ଦେଇନଥିଲେ ଯଶୋଦା
କିନ୍ତୁ ଅନ୍ତରରୁ ବକ୍ଷୋଜ ଦେଇ ବହୁଥିବା
ଅମୃତର ଧାରା ପିଆଇଥିଲେ ତୁମକୁ,
କେତେ ସରାଗରେ ସହିଥିଲେ
ତୁମ ଅସରନ୍ତି ଅମାନିଆ ଅଝଟପଣ,
କେବଳ ସେ ହିଁ ଜାଣିଥିବେ
କେତେ କ'ଣ ସହିବାକୁ ପଡ଼ିଥିବ ତାଙ୍କୁ
ତୁମକୁ ବଡ଼ କରିବା ପାଇଁ,
ହେଲେ ସମୟର ଆହ୍ୱାନକୁ ଅଗ୍ରାଧିକାର ଦେଇ
ଛାଡ଼ି ଚାଲିଗଲ ତାଙ୍କୁ।

ପ୍ରେୟସୀ ରାଧା
ମରି ମରି ବଞ୍ଚିଥିବେ ମରିବା ପର୍ଯ୍ୟନ୍ତ
ତୁମ ବିରହ ଯନ୍ତ୍ରଣାରେ।
କେତେ କଇଁକାନ୍ଦ କାନ୍ଦିଥିବେ
ଏକାନ୍ତରେ,
ହତବାକ୍ ହୋଇ ହସିଥିବେ ପୁଣି କାନ୍ଦିଥିବେ,
ଖୋଜିଥିବେ ତୁମକୁ
ତୁମ ସ୍ମୃତିଚାରଣ କରି,
ହାତ ଥରିଉଠିଥିବ ତାଙ୍କର
ସହସ୍ର ବାର
ମିଛ ସିନ୍ଦୂର ନାଇବା ସମୟରେ
ସତ ସିନ୍ଦୁରକୁ ମନେପକାଇ।

ତୁମେ ଥିଲ ସହସ୍ର ଗୋପୀଙ୍କର
ପ୍ରାଣବିନ୍ଦୁ,
ଗରିବ ସୁଦାମାର ପରମ ବନ୍ଧୁ,
ତୁମେ ଥିଲ ଗୋପପୁରର ଜୀବନ
ହୃତ୍ସ୍ପନ୍ଦନ।

ଧପ୍ କରି ବୁଡ଼ିଗଲା ସୁଖର ସୂର୍ଯ୍ୟ
ଦୂର ପାହାଡ଼ର ପଛପଟେ
ରକ୍ତିମ ହୋଇଗଲା ପଶ୍ଚିମ ଆକାଶ
ତୁମେ ଚାଲିଯିବା ପରେ
କର୍ତ୍ତବ୍ୟର ଦ୍ୱାହି ଦେଇ।

ସତରେ କ'ଣ ତୁମେ
କେବେ କାନ୍ଦି ନାହଁ ପ୍ରଭୁ ?
କଷ୍ଟର କଣ୍ଟା
କେବେ କ'ଣ ଚୁଭିନାହିଁ ତୁମକୁ ?

କଷ୍ଟ ପାଇଥିବ ନିଶ୍ଚୟ ତୁମେ
ପାଳିତା ମା'ର ଋଣ ସୁଝି ନ'ପାରି;
ରାଧାଙ୍କୁ ଦେଇଥିବା ପ୍ରତିଶ୍ରୁତି ରଖି ନ'ପାରି;
ସବୁକିଛି ଥାଇ ବି' ନିଜ ପାଖରେ
ସଖା ସୁଦାମାର ଦାରିଦ୍ର୍ୟ ଦୂର କରି ନ'ପାରି;
ଯେଉଁ ସ୍ଥାନରୁ ପାଇଥିଲ ମହତ୍ତ୍ୱପୂର୍ଣ୍ଣ ମୁହୂର୍ତ୍ତମାନ
ସେଠାକୁ ଫେରିଯାଇ ନ'ପାରି।

ଓଃ ସେହି ମହାମିଳନର ମୁହୂର୍ତ୍ତ(!)
ହାତ ଥରିଥିବ
ଆଖି ଭିଜିଥିବ ନିଶ୍ଚୟ
ନିଜ ପିତାମାତାଙ୍କୁ ବନ୍ଦୀଶାଳାରୁ ମୁକୁଳିବା ବେଳେ।

ମହାଭାରତର ମହାନାୟକ ତୁମେ।
କେତେ କେତେ ବୀର ହାରିଥିଲେ
କେତେ କିଏ ମରିଥିଲେ
ତୁମ କୁଟନୀତିର ପାଠ ବୁଝି ନ'ପାରି,
ତୁମେ ମାରିଛ ଛଳ କପଟରେ

ସଙ୍ଗତ ଅସଙ୍ଗତରେ
ଧରେଇ ଦେଇଥିଲ ଭଣଜା ଅଭିମନ୍ୟୁକୁ
ଶତ୍ରୁମାନଙ୍କ ହାତରେ,
ନିଆଁରେ ଘିଅ ଢାଳିବା ପାଇଁ
ତୁମ ଉଦ୍ଦେଶ୍ୟ ସାଧନ ପାଇଁ।
ନିର୍ମମ ମରଣ ମରୁଥିବା ବେଳେ ଅଭିମନ୍ୟୁ
ଦୁଃଖର ପାହାଡ଼ ଖସିପଡ଼ିଥିବ ତୁମ ଛାତି ଉପରେ
କାନ୍ଦିଥିବ ତୁମେ ସେଇଠି ସେଇ କୁରୁକ୍ଷେତ୍ରରେ
ଛଟପଟ ହୋଇଥିବ ମନେମନେ।

ତୁମେ ଜାଣ:
କେଉଁ ପୁରୁଣା ବ୍ୟଥାର ଉପସମ ପାଇଁ
ଟେକିଦେଇଥିଲ ପ୍ରାଣ
ଜରାଶବର ହାତରେ।

କାନ୍ଦିଥିବ ତୁମେ
କଷ୍ଟ ପାଇଥିବ
ତୁମେ ପରା କୃଷ୍ଣ, ଭଗବାନ
କାହାକୁ କହିବ ଦୁଃଖ
ଶୁଣିବ ବା କିଏ ?

■

ଶ୍ରୀରାଧାଙ୍କ ଶ୍ରୀ

ସେଦିନର ସୂର୍ଯ୍ୟ ଅସ୍ତବ୍ୟସ୍ତ ହେଉଥିଲେ
ସକାଳ ପାଖରୁ, ପବନରେ ଥିଲା ଚଞ୍ଚଳତା,
ଆଖପାଖର ସବୁ ଜିନିଷ ଯେମିତି ଦୁଷ୍ଟାମି କରୁଥିଲେ,
ଏକ ଅପ୍ରତ୍ୟାଶିତ ଓ ଅଦ୍ଭୁତ ଉଲ୍ଲାସ
ଢେଉ ଭାଙ୍ଗୁଥିଲା ମୋ' ଦେହ ମନରେ,
ସବୁଥିରେ ସଂକେତ ଥିଲା
କିଛି ଗୋଟେ ଅଲଗା ଘଟିବାର।

ଦିନର ବୟସ ବଢ଼ିଚାଲିଲା, ଚାହୁଁ ଚାହୁଁ
ସୂର୍ଯ୍ୟ ପଶ୍ଚିମ ଦିଗରେ ଯାଇ ପହଞ୍ଚିଲେ,
ଲାଗୁଥିଲା ଯେମିତି ଅପରାହ୍ନର ଆକାଶ
କେଉଁ ଏକ ଯୁଗାନ୍ତକାରୀ ଘଟଣାର
ଅପେକ୍ଷା କରିଥିଲା। ସୂର୍ଯ୍ୟ ଯେତେ ଯେତେ
ତଳକୁ ଖସୁଥିଲେ ପଶ୍ଚିମ ଅକାଶରେ
କେଜାଣି କେଉଁ ଅଜଣା ଓ ଅବ୍ୟକ୍ତ ବ୍ୟାକୁଳତା
ଲମ୍ଫ ଦେଉଥିଲା ମୋ' ହୃଦୟ କୋଠରୀରେ,
ହଠାତ୍ ଦୃଶ୍ୟମାନ ହେଲା ଏକ ଇନ୍ଦ୍ରଧନୁ
ଦକ୍ଷିଣରୁ ଉତ୍ତରକୁ ବିଚ୍ଛୁରିତ
ତତ୍‌କ୍ଷଣାତ୍ ଥଣ୍ଡା ପଡ଼ିଗଲେ ସୂର୍ଯ୍ୟ

ଶୀତଳତା ପରିଲକ୍ଷିତ ହେଲା ବାତାବରଣରେ,
ଗେରୁଆ ରଙ୍ଗର ଚାଦର ଘୋଡ଼ିନେଲା ପଶ୍ଚିମ ଆକାଶ
କାହାର ସ୍ୱାଗତ ସମ୍ବର୍ଦ୍ଧନା ପାଇଁ।

ହାଏ, ସେ ପ୍ରଥମ ଦେଖା !
ଶିହରଣ ଖେଳିଯାଏ ଅନ୍ତରରୁ ଅନ୍ତଃକରଣ ଯାଏଁ
ଯେତେବେଳେ ଯେତେଥର
ଭାବିବସେ ସେଦିନର କଥା।
କିଶୋରୀମାନଙ୍କ ଗହଳି ଭିତରୁ ବାରିହୋଇ ପଡୁଥିଲା
ତୁମ ମୁଖମଣ୍ଡଳ। କି ଗୁଣ ଗାଇବି, କେତେ ଗାଇ ପାରିବି
ତୁମ ରୂପ, ତୁମ ମାଧୁର୍ଯ୍ୟ,
ଶବ୍ଦଗୁଡ଼ା ଯେ ଏତେ ଅସମର୍ଥ
ଜାଣି ପାରିଲି ସେଇଦିନ।

ଓଃ ସେ ତକ୍ ତକ୍ ଗୋରା ଅଙ୍ଗରେ
ଗାଢ଼-ପିଉ ରଙ୍ଗର ଆବରଣ !
ତୁମ କୋମଳ ଗ୍ରୀବାର ଏକ ଭାଙ୍ଗରୁ
ଆଉ ଏକ ଭାଙ୍ଗ ମଧ୍ୟରେ ଗୋଡ଼ା ହୋଇଥିଲା
ହରରଂଗୀ ବନଫୁଲମାଳ, ଗୋଲାପୀ ଓଠରୁ ଝରିପଡୁଥିଲା
ଚାପା ଚାପା ହସ
ସଖୀମାନଙ୍କ ସହ କଥାହେବା ସମୟରେ।

ତୁମେ ଆସିଲ
ବାଜି ହୋଇଗଲ ମୋ' ମନରେ
ତା'ପରେ ଚାଲିଗଲ ଯେମିତି
ଆସି ଚାଲିଯାଏ ପୁଣି ଆସେ
ଆଉ ଚାଲିଯାଏ
ହାବୁକା ହାବୁକା ସମୁଦ୍ର କୂଳିଆ ଶୀତଳ ପବନ
ପାହାନ୍ତି କାଳରେ ଅବା ସଞ୍ଜବେଳରେ।

ତୁମ ଆଗମନ ତୁମ ପ୍ରସ୍ଥାନ ମଝିରେ
ମିଶିଥିଲା ଥରେ ମାତ୍ର
ତୁମ ଆଖି ସହ ମୋ' ଆଖି,
ବାସ୍ ସେତିକିରେ...
ଚିହ୍ନି ପାରିଥିଲି ତୁମକୁ।

ନା ଏ ସାକ୍ଷାତ୍ ଏବର
ନା ଏ ରୂପ ଲାବଣ୍ୟ ଏବର
ନା ଏ ସ୍ମିତ ହସ ଏବର, ଏତେ ଜନ୍ମରୁ ଜାଣିଛି
ତୁମକୁ ମନଭରି ଦେଖିଛି, ସବୁ ଚିହ୍ନା ଚିହ୍ନା
ତେବେ କାହିଁକି ଏତେ ନୂଆ ଲାଗ ତୁମେ
ଯୁଗ ପରେ ଯୁଗ
ସବୁ ଯୁଗରେ, ଏଇ ଯେମିତି ଲାଗିଲା ଆଜି
ଅଜଣା ଅଚିହ୍ନା ନୂଆ ନୂଆ। ନିଆଁ ଲାଗିଗଲା
ମୋ' ସର୍ବାଙ୍ଗରେ, ହୃଦୟ ଦୌଡ଼ିଲା ଘୋଡ଼ା ଦୌଡ଼,
ପରେ ପରେ ଧିମେଇଗଲା ସ୍ପନ୍ଦନ ଧୀରେ ଧୀରେ
ତୁମେ ଅତିକ୍ରମ କରିଗଲା ପରେ।
ଅସ୍ତମିତ ସୂର୍ଯ୍ୟ ସୂଚନା ଦେଇଗଲା
ଆଉ ଏକ ନୂଆ ଆରମ୍ଭର।

ସାରାରାତି କଟିଗଲା
କଡ଼ ଲେଉଟି ଲେଉଟି, ନିଦ ଖେଳିଲା ଲୁଚକାଳି
ଆଖି ଧରି ପାରିଲାନି ତାକୁ
ତା' ଦେହରେ ପଙ୍ଖ ଯେ ତୁମେ ଲଗାଇଦେଇଥିଲ।
ବନ୍ଦ ଆଖି ଭିତରେ ତୁମେ, ଆଖି ଖୋଲି ଦେଖିଲେ
ମୋ' କୋଠରୀର ଅନ୍ଧକାର ଭିତରେ ତୁମେ;
ମୁଁ, ମୋ' ଦେହ କଳା, ମୋ' କୋଠରୀ ଦେହର କଳା
ସବୁ ଝୁରୁଥିଲେ ତୁମ ଛାଇ ଦେହର କଳାକୁ।

ଏ ଆରମ୍ଭର ଶେଷ ନଥିଲା !
ଆମର ଭେଟଘାଟ ପୁଣି ହେଲା
ବାରମ୍ବାର ହେଲା- ଗୋପଦାଣ୍ଡରେ
ବେଳ ଅବେଳରେ ଯମୁନା ଘାଟରେ
ଲୋକ ମେଳରେ, ତା'ପରେ ଏକାନ୍ତରେ;
ମୁଁ କିଛି କହିବା ଆଗରୁ
ତୁମେ କହିଦେଲ
ଯାହା ମୁଁ ଚାହୁଁଥିଲି କହିବାକୁ,
ମୁଁ ଚିହ୍ନା ଦେଇନଥିଲି ମୁଁ କିଏ
ହେଲେ ତୁମେ ଜାଣିପାରିଥିଲ ତୁମେ କିଏ, କାହାର (?)
ମୁଁ କିଛି କହିବା ଆଗରୁ ।

ଏ ପ୍ରଣୟର ପରମାୟୁ
ସମୟର ପରିସୀମା ବାହାରେ ଥିଲା
ଏଣୁ ସେ ହୋଇଗଲା
ଯାହା ତା'ର ହେବାର ଥିଲା-
ଶୈଶବରୁ ଯୌବନ ଯୌବନରୁ ପୁନର୍ଜୀବନ
ପୁଣି ଶୈଶବ ପୁଣି ଯୌବନ...
କିଏ ଅଟକାଇ ପାରିଛି କଥାକୁ
କାହାଣୀ ହେବାରୁ
କିଏ ରୁକି ପାରିଛି ଘଟଣାକୁ
ଇତିହାସ ହେବାରୁ ?

କାହାଣୀ ନାୟକ ନାୟିକା ପ୍ରତୀକ୍ଷାରେ ଥିଲା
ମିଳିଗଲା ତାକୁ ତା' ଲୋକ
ଯେମିତି ଯାହା ବରକୁ ତା' କନିଆ ।
ପ୍ରୀତି କାହା ହାତର କଥା କି ?

କେତେ କେତେଥର ସାଜିଛୁ ଆମେ ବରକନିଆ
ଶତଶତବାର ହୋଇଛୁ ବାହା
ଏକଥା ଜାଣେ ମୁଁ ଜାଣ ତୁମେ
ଆଉ ଜାଣନ୍ତି ସେଇମାନେ
ଯିଏ ସଜାଇଥିଲେ ଆମକୁ ବରକନିଆ।
ଯମୁନା କୂଳ, କଦମ୍ବ ମୂଳ
ଧୀର ପବନ, କୋଇଲିର ସ୍ବନ
ନାଚ ମୟୂରର, ଚହଲା ଯୌବନ ଫୁଲମାନଙ୍କର
ଏଇତ ଦୁନିଆ ତୁମର ମୋର।

ମନେଅଛି ସବୁ ମୋର
ତୁମର ବି ମନେଥିବ ନିଶ୍ଚୟ-
କେମିତି ଧାଇଁ ଆସୁଥିଲ ମୋ' ପାଖକୁ
ମୋତେ ଟିକେ ଦେଖିବାକୁ
ମୋତେ ଶୁଣିବାକୁ,
ଅସ୍ତବ୍ୟସ୍ତ ହୋଇପଡୁଥିଲ
ମୋ' ବଂଶୀର ସ୍ବର କାନରେ ବାଜିବା ମାତ୍ରକେ,
ଅସ୍ଥିର ହୋଇ ବେଗି ଆସୁଥିଲ
ଆମ ନିର୍ଦ୍ଧାରିତ ଜାଗାକୁ
କେତେ କେତେ କାମ ଅଧାରେ ଛାଡ଼ି
ପୂର୍ବ ମିଳନର ଅଧୁରା ରାସ ପୂରା କରିବାକୁ।

ସବୁଥର ସେଇଠୁ ଆରମ୍ଭ ହୁଏ
ଯେଉଁଠି କଥା ଆସି ଅଟକି ରହେ
ପୁଣି କିଛି ନୂଆ ହୁଏ
ଅନେକ କିଛି ବାକି ରହିଯାଏ
ପୂରା କରିବା ପାଇଁ।
ପ୍ରତ୍ୟେକ ଥର କାରଣ ମିଳିଯାଏ
ଆଉଥରେ ଦେଖା କରିବା ପାଇଁ।

ମନେଅଛି ମୋର
ମନେଥିବ ତୁମର- ସେଦିନର ସାକ୍ଷାତ୍
ଧାରା ଶ୍ରାବଣରେ। ତୁମେ ଭିଜିଯାଇଥିଲ
ଆପାଦମସ୍ତକ, ବତୁରି ଯାଇଥିଲା ଦେହହାତ
ଥରୁଥିଲା ସର୍ବାଙ୍ଗ
ସୁଲୁସୁଲିଆ ଶାନ୍ତ ପବନରେ।
ଆଖି ଡୋଳା ଦୁଇଟି ଲାଲ୍ ଦିଶୁଥିଲା
ବର୍ଷାଜଳ ପିଇ ପିଇ,
ଧୋଇ ଯାଇଥିଲା କୁଙ୍କୁମ ଓ କଜଳ,
ଭିଜା କୁନ୍ତଳ କେଇ କେରା
ଲାଖି ରହିଥିଲେ ଅଙ୍କା ବଙ୍କା ହୋଇ
ତୁମ ସତେଜ-ତୋଫା ଗୋରା ଗାଲ ଉପରେ
ସତେକି ତୁମକୁ ଚୁମା ଦେଉଥିଲେ।

ତୁମେ ପହଞ୍ଚିଲ
ପହଞ୍ଚି ଦେଖିଲ
ମୁଁ ବସିଛି ତୁମ ଅପେକ୍ଷାରେ,
ଚାହିଁ ବସିଥିଲେ ଆଉ ସମସ୍ତେ
ଯେଉଁମାନେ ଆମର
ଯାହାଙ୍କର ଆମେ,
ଏକଧ୍ୟାନ ହୋଇ ଅନାଇଥିଲେ ତୁମ ଆଗମନକୁ।
ଜିଁ' ଉଠିଲେ ସଜାଗ ହୋଇଗଲେ
ଏକାବେଳେକେ ଏକସଙ୍ଗରେ,
ଯୂଈ ଜାଇ ହେନା ମଲ୍ଲୀ ମାଳତୀ
ଆଉ ଯେତେ ଯିଏ ଥିଲେ,
ରଜନୀଗନ୍ଧା ଅପରାଜିତା କିଛି ଉତ୍‌ଫୁଲ୍ଲିତ ହେଉଥିଲେ
ତୁମ ଗଳାର ମାଳା ହେବା ପାଇଁ।

ତୁମେ ଆସିଲ
ଆସି ବସିଲ ମୋ' କଡ଼ରେ
ଛାଇଗଲା ବର୍ଷାର କୁହୁଡ଼ି ଚାରିଆଡ଼େ,
ଅନ୍ଧାର ଦିଶିଲା ଦୂର ଆକାଶ
ଅପରାହ୍ଣ ଲାଗିଲା ମୁହଁ ଅନ୍ଧାର ଗୋଧୂଳି ବେଳ
ତୁମ ଦେହର ଓଦା ବସ୍ତ୍ରରୁ ଓହ୍ଲାଉଥିଲା ବର୍ଷାଜଳ
ଆସ୍ତେ ଆସ୍ତେ ସର୍ ସର୍ କରି
ତୁମ ପାଦ ଦେଇ ପାଦ ତଳର ଓଦା ଭୂଇଁକୁ,
କମ୍ପୁଥିଲା ଦେହ
ଶୀତରେ କି କେଉଁ ଅଜଣା ଭୟରେ
କିମ୍ଵା ଭିଜା ଭିଜା ଆପଣାପଣରେ
ସ୍ଥିର କରିବା ସହଜ ନଥିଲା।
ମୁଁ ଟିକେ କଡ଼େଇ ଗଲି ତୁମ ଆଡ଼କୁ
ତୁମେ ଆଉଜି ଆସିଲ ମୋ' ଆଡ଼େ
ମୁଣ୍ଡ ଥାପିଦେଇ ମୋ' କାନ୍ଧ ଉପରେ
କୋଳେଇ ଧରିଲ ମୋତେ,
ତାତି ଚଢ଼ିଗଲା ତୁମ ଅଙ୍ଗପ୍ରତ୍ୟଙ୍ଗରେ
ବହି ଚାଲିଲା ଶ୍ରାବଣର ଧାରା
ଭିଜା ନୟନଯୁଗଳରୁ।
ପ୍ରଶସ୍ତ ନିରବତା ଅତିକ୍ରାନ୍ତ ହେଲା,
ବର୍ଷା ଥମିଗଲା,
ଶୁଖିଯାଇଥିଲା ତୁମ ଲୁଗା
ତୁମ ଆଖି
କେବଳ ମୁଁ ତିନ୍ତି ଯାଇଥିଲି।

ଭୁଲି ପାରିବିନି ସେଦିନର କଥା-
ମୁଁ ପହଁଞ୍ଚିବା ଆଗରୁ
ପହଁଞ୍ଚିସାରିଥିଲ ତୁମେ
ସବୁଦିନ ମୁଁ ଅପେକ୍ଷା କରିଥାଏ

ସେଦିନ କିନ୍ତୁ ତୁମେ ଚାହିଁ ବସିଥିଲ ମୋ' ବାଟ।
ମୁଁ ପହଁଞ୍ଚିକରି ଦେଖିଲି- ତୁମେ କାନ୍ଦୁଛ
କାନ୍ଦି କାନ୍ଦି ଭିଜେଇ ଦେଇଛ
ତୁମ ସମ୍ମୁଖର ସଫା ଭୂଇଁ,
ଅଧା ଓଦା ଅଧା ଶୁଖିଲା ମାଟି ଉପରେ
ତୁମ ନାଁ ମୋ' ନାଁ ପାଖରେ ଲେଖୁଛ
ଲିଭାଉଛ ପୁଣି ଲେଖୁଛ।
ମୁଁ ଆସିବାର ଆଭାସ୍ ପାଇଲ
ହେଲେବି ଚାହିଁଲନି ମୋ' ଆଡ଼େ,
ମୁଁ ପାଖେଇ ଆସିଲି
ବସିଲି ଯାଇ ତୁମ ପାଖ ଭୂଇଁରେ
ପଚାରିଲି- "କ'ଣ ହୋଇଛି ଆଜି
ମୋ' ସୁନ୍ଦରୀ କାନ୍ଦୁରୀ ରାଧାର ?"
କାନ୍ଦ ବଢ଼ିଗଲା ଏତିକିରେ
ଉତ୍ତର ମିଳିଲାନି କିଛି।
ବହୁତ୍ ବାଧକରି ପଚାରି ବୁଝିବାରୁ ଜାଣିଲି-
କେହିଜଣେ ଆକ୍ଷେପ କରି କହିଥିଲେ କିଛି
ମୋର ମନେଅଛି ମୁଁ କହିଥିଲି-
"କୃଷ୍ଣ ପ୍ରେମରେ ପଡ଼ି କଳଙ୍କିନୀ ହେବାର ସୌଭାଗ୍ୟ
କେବଳ ଶ୍ରୀରାଧାଙ୍କର",
ସେତିକିରେ ହସ ଫୁଟି ଉଠିଥିଲା ତୁମ ଅଧରରେ।

କାହିଁ କେତେ ସମୟ ଅତିକ୍ରାନ୍ତ ହେଲାଣି
ସେ ମୁହୂର୍ତ୍ତକୁ
ଯେଉଁଦିନ ମୁଁ ସାଜିଥିଲି କନିଆ ରାଧା
ତୁମେ ବନିଥିଲ ମୋ' ବର, ମନେଅଛି ମୋର
ପଚାରିଥିଲ ତୁମେ ଥଟ୍ଟାରେ ଥଟ୍ଟାରେ-
"କ'ଣ କରିବ ରାଧେ ଯଦି ଏ ମିଛ ବରକନିଆର ଖେଳ
ସତକୁ ସତ ମିଛ ହୋଇ ରହିଯିବ ?"

ମୁଁ ଟିକେ ହସି ଦେଇଥିଲି ତୁମ ପ୍ରଶ୍ନରେ
ହେଲେ ବୁଝି ପାରିଥିଲି- ତୁମକୁ ଜଣାଥିଲା
ଆମ ସମ୍ପର୍କର ବର୍ତ୍ତମାନ
ଅତୀତ ଓ ଭବିଷ୍ୟତ
ଅକ୍ଷରେ ଅକ୍ଷରେ।

ମନେପଡ଼େ ସେଇ ଶେଷ ସାକ୍ଷାତ୍
ସବୁଦିନ ମନେପଡ଼େ।
ମନେପଡ଼େ ସେଦିନର ଚେହେରା ତୁମର
ଅସୀମିତ ଅସହାୟତାର,
ଆସିଥିଲ ତୁମେ ବିଦାୟ ଦେବାକୁ
ତୁମ କୃଷ୍ଣକୁ
ଛଳଛଳ ଆଖିରେ ହସହସ ଓଠରେ।
ଥରୁଟିଏ ବି ପଚାରି ନଥିଲ ତୁମେ-
ମୁଁ କେବେ ଫେରିବି,
ଆଉ ଫେରିବି କି ନାହିଁ ?

BLACK EAGLE BOOKS

www.blackeaglebooks.org
info@blackeaglebooks.org

Black Eagle Books, an independent publisher, was founded as a nonprofit organization in April, 2019. It is our mission to connect and engage the Indian diaspora and the world at large with the best of works of world literature published on a collaborative platform, with special emphasis on foregrounding Contemporary Classics and New Writing.

www.ingramcontent.com/pod-product-compliance
Lightning Source LLC
Chambersburg PA
CBHW060621080526
44585CB00013B/925